原來歷史是這樣

將軍出征

程 琳◎著
熊慧賓◎繪

本書出場人物

 白起　 廉頗　 王翦

 李牧　 李廣　 呂布

 慕容垂　 陳慶之　 李靖

中國古代歷史朝代表

五帝	**夏**	**商**	**西周**	**東周** 春秋→←戰國
五帝 約前30世紀初—約前21世紀初	夏 約前2207—約前1766	商 約前1765—約前1122	西周 約前1121—前771	春秋 前770—前403 戰國 前403—前221
秦	**西漢**	**東漢**	**三國**	**西晉**
秦 前248—前207	西漢 前206—8	東漢 25—220	三國 魏 220—265 蜀漢 221—263 吳 222—280	西晉 265—316
東晉	**五胡十六國**	**北朝**	**南朝**	**隋**
東晉 317—420	五胡十六國 304—439	北朝 386—581 （政權有：北魏、東魏、西魏、北齊、北周等）	南朝 420—589 （政權有：宋、齊、梁、陳）	隋 581—618

唐	五代	十國	北宋	南宋
唐 618—907	五代 907—960	十國 902—979	北宋 960—1127	南宋 1127—1279

遼	西夏	金	元	明
遼 907—1125	西夏 1032—1227	金 1115—1234	元 1206—1367	明 1368—1644

清
清 1636—1911

中國古代朝代口訣

60個字將「中國古代朝代」全概括

三皇五帝始，堯舜禹相傳；

夏商與西周，東周分兩段；

春秋和戰國，一統秦兩漢；

三分魏蜀吳，兩晉前後延；

南北朝並立，隋唐五代傳；

宋元明清後，皇朝至此完。

目錄 contents

01.
Hi，戰神將軍！
● 白起 ………………… 02

02.
Hi，「EQ低」將軍！
● 廉頗 ………………… 12

03.
Hi，好脾氣將軍！
● 王翦 ………………… 22

04.
Hi，低調將軍！
● 李牧 ………………… 30

05.
Hi，倒楣將軍！
● 李廣 ………………… 40

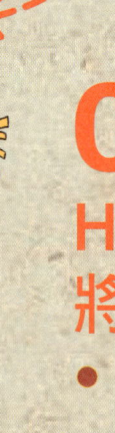

07.
Hi，皇帝將軍！
- 慕容垂 ················ 58

06.
Hi，愛跳槽將軍！
- 呂布 ················ 48

08.
Hi，「男主角」將軍！
- 陳慶之 ················ 68

09.
Hi，「托塔天王」將軍！
- 李靖 ················ 78

戰爭機器

未嘗敗績的神話

　　身為戰國時期四大名將之一的白起，在電視劇《羋（ㄇㄧˇ）月傳》中被賦予了「狼孩」的離奇身世，平添傳奇色彩。那麼真實歷史上的白起身世如何，又是怎樣在一場場戰役中崛（ㄐㄩㄝˊ）起為一代戰神的呢？快來看看白起這功過難斷的一生吧！

Hi，戰神將軍！

原來你是這樣的將軍

本期主角　白起

戰國時期秦國名將，傑出的軍事家，「兵家」代表人物。熟知兵法，善於用兵，屢立戰功。白起擔任秦軍主將三十多年，攻城七十餘座，對秦國統一六國有巨大的貢獻。但他功高震主，得罪應侯，接連貶官，後賜死於杜郵。白起與廉頗、李牧、王翦（ㄐㄧㄢˇ）並稱為戰國四大名將。

小檔案

本名	白起
別稱	公孫起
所處時代	戰國後期（秦國）
出生時間	不詳
去世時間	西元前 257 年
主要成就	趙楚懾（ㄓㄜˋ）服，不敢攻秦，使秦業帝
官職	將軍

戰國四大名將

　　指中國戰國時期的四位著名將領。這四位將領分別是秦國的白起、王翦，趙國的廉頗、李牧。他們都是從軍中最基層的兵做起，憑藉自己的努力一步一步成長為秦、趙兩國最為倚重的大將。他們代表了戰國時期實戰的最高水準。

一戰成名是白起

紀傳體史書《史記》中對白起的身世介紹極其簡略，只說他是秦國郿（ㄇㄟˊ）縣人。關於他究竟是平民還是秦國公族，又或是與文豪白居易同是白家人，爭論始終不休，不曾定論。但「狼孩」一說顯然只是電視劇《羋月傳》的杜撰罷了。

劇中的羋月算是白起的貴人，而歷史上將白起提拔起來的，卻是羋月同母異父的弟弟魏冉（ㄖㄢˇ）。要知道，那時的魏冉已是秦國丞相，名震一時，權傾朝野。能得魏冉看重，不知是多少人燒香拜佛的心願呢！白起得貴人相助，其中固然有運氣成分，卻更離不開他自身的努力與能力。

秦昭襄王十三年（西元前294年），魏冉舉薦白起代替向壽領兵出征，攻打韓、魏兩國，開啟了伊闕（ㄑㄩㄝˋ）之戰。這一戰雖被後世評為白起平生著名戰役之一，但在當時卻是人人唱衰的一場「必敗之戰」。誰會相信一個從未有過大型作戰經驗的將領能夠帶領十萬秦軍，打一場以少勝多的漂亮戰役呢？

對此，白起選擇用行動證明自己。

★ **羋月**

又稱宣太后，戰國時期秦國王太后，中國歷史上第一位太后。秦昭襄王即位之初，以太后的身分主持朝政，執政期間，攻滅義渠國，一舉消滅了秦國的西部大患。

 ★ **魏冉**

戰國時秦國大臣，羋月同母異父的大弟，秦昭襄王的舅舅。憑著與秦昭襄王的特殊關係在秦國獨攬大權，一生擔任四任秦相，黨羽眾多，深受羋月寵信。

白起軍隊出身，對戰爭有著敏銳的判斷。他分析出韓魏聯軍雖占盡天時地利，卻少了最重要的人和——聯軍不團結，而且作為主力的韓軍畏首畏尾。抓住這個弱點，白起當機立斷，選擇用一個小分隊牽制住韓軍，自己則率兵奇襲魏軍。只要能夠在韓軍回過神來之前消滅魏軍，白起逐個擊破的策略就算是成功了。

　　這一招雖險，但哪場戰役不是博弈（ㄧˋ）？白起的「豪賭」賭得有理有據，是經過深思熟慮的，所以他深信自己會是贏家。事實也證明，韓軍將領被虛張聲勢的小分隊嚇破了膽，在真正承受秦軍主力襲擊的魏軍向他們求援時，他們都以自顧不暇為由拒絕了。這下可好，魏軍孤立無援，很快就被「要軍功不要命」的秦兵消滅了。而魏軍敗後，韓軍的結局可想而知，潰（ㄎㄨㄟˋ）不成軍，也被殲（ㄐㄧㄢ）滅殆盡。

　　伊闕之戰，白起以十萬秦軍殲敵二十四萬，一戰成名，從「跌停股」一下變為最有潛力的「漲停股」，榮升國尉。

這僅僅是白起走上神壇的第一步，在此後的鄢郢（一ㄢ 一ㄥˇ）之戰與華陽之戰中，他依舊表現出色，釜底抽薪、水淹鄢城、奔襲千里、深入敵後，上演了一齣（ㄔㄨ）又一齣兵行險招的「好戲」，直到長平之戰，將他的戎馬生涯推向了一個前所未有的巔峰……。

殺神之心無人知

要說長平之戰，還得從韓國的上黨郡說起。白起占領韓國的野王（沁陽）之後，上黨郡與韓國國都之間的連繫就被切斷了，為促使趙國不得不與韓國聯盟對抗秦國，上黨郡的郡守出了個損招：向趙國投降。只要趙孝成王收留他們，秦國再來攻打，就等於虎口拔牙，趙國還能置身事外嗎？

趙孝成王早被算計卻渾然不知，他請來平陽君（趙孝成王的叔叔）與平原君（趙孝成王的叔叔）商議此事，前者認為「無事獻殷勤」，一定沒好事；後者認為「天上掉餡餅」，不吃白不吃。貪心的趙孝成王選擇收下這「飛來橫財」，接受了上黨郡的投降，他卻沒想到這是個「飛來橫禍」。上黨郡歸趙不到兩年，秦國將領王齕（ㄏㄜˊ）率領秦軍再次來犯，致使上黨郡的百姓紛紛逃向趙國。上黨郡的人如今是自家百姓，趙國不能不顧，立刻派兵趕往長平一帶接應上黨郡百姓，由此便與攻來的秦軍槓（ㄍㄤˋ）上了。

帶兵的趙軍主將廉頗也是戰國時期的名將，他耐得住性子，採取「堅守不出，拖垮秦兵」的策略對敵，使得秦國陷入兩難：六十萬將士的糧草耗費著實不小，拖得越久，越是不利；若就如此撤兵，則前功盡棄，到底該怎麼辦呢？

當時已取代魏冉擔任秦國丞相的范雎（ㄐㄩ）認為，要想撬開廉頗這顆「軟釘子」，還得從趙國內部下手。於是他一面與趙國假和談，一面派人到趙國國內大肆宣傳「秦兵不怕廉頗，就怕趙括」的謠言。趙孝成王早對廉頗「縮頭烏龜」的避戰行為不滿，多次派人喝斥無效，這回索性撤下廉頗，換趙括上陣。

　　這趙括何許人也？就是歷史上以紙上談兵著稱的那一位。趙軍這一換將，就等於失敗了一半，而另一半則是源於秦軍也換了將領──白起接到命令，祕密趕往前線，擔任主帥。

　　新官上任三把火，趙括躊躇（ㄔㄡˊ ㄔㄨˊ）滿志，部署著積極進攻的戰術。但久經戰陣的白起成竹在胸，制定了引蛇出洞的策略。大戰當日，白起讓一支戰鬥力較弱的秦軍作為誘餌，且戰且退，引得趙兵乘勝追擊，不料中了圈套。兩路秦國精兵一齊殺出，一路阻斷趙兵退路，一路橫插趙兵中部，趙兵立刻大亂陣腳。

★ **趙括**

　　戰國時期趙國名將趙奢之子，熟讀兵書，但缺乏戰場經驗，不懂得靈活應變。

紙上談兵

　　指在紙面上談論打仗。比喻空談理論，不能解決實際問題。

廉頗打仗能有我厲害？我可是看過不少兵書的！

趙括的兵書也不是白讀的，在如此艱難的情況下還是堅守待援，苦撐了四十多天，但最終仍沒有逃過身死兵敗的結局。可是真正將這場悲劇推向極致的，卻是白起誘降趙軍後坑殺了四十萬降卒。

　　這場殺戮震驚趙國上下，也震驚了六國，令白起從「戰神」變成了「殺神」，甚至被稱為「人屠」。白起為什麼要這麼做，只有他自己知曉了……

長平之戰

　　戰國歷史的最後轉折，至此秦國統一六國只是時間問題。此戰是中國古代軍事史上規模最大、最徹底的大型殲滅戰。

六國易敵禍難防

　　這場曠日持久的長平之戰，就是對勝利者而言也是極耗精力的，當時秦昭襄王徵召了國內所有十五歲以上的男子奔赴前線支援。所以長平之戰後，秦國也休整了一年，才在白起的帶領下平定上黨。白起知道，趁趙國此刻還沒從長平之戰的噩夢中醒來，一鼓作氣，定能一舉消滅趙國。

　　韓趙兩國得知此事後慌了手腳，立刻請口才出眾的蘇代前往秦國賄賂范雎，挑撥將相關係。

> 說壞話請找我，品質有保障。

范雎

　　戰國時期著名的政治家、縱橫家、戰略家、外交家，秦國宰相，是秦國歷史上的一代名相。

蘇代對范雎說：「白起現在的功勞已經可以穩坐三公，若再讓他把邯鄲（ㄏㄢˊ ㄉㄢ）攻破，豈不是一人之下了？還是趁現在叫趙國與韓國割點地，見好就收，免得讓白起騎到你范雎的頭上去啊！」

　　這一番「苦口婆心」的勸說深得范雎之心，他立即向秦昭襄王吹了耳邊風。秦昭襄王能從宣太后芈月與魏冉手中奪回朝政大權，范雎功不可沒。聽信范雎之詞，秦王自是二話不說就下令前線退兵，硬生生阻止了白起滅掉趙國的臨門一腳！

　　白起得知此事，從此和范雎有了嫌隙，心中對秦昭襄王也頗有微詞。一年後，秦昭襄王再想攻趙，卻已錯失良機──趙國滿血復活了，但上了年紀的白起身體上大不如前。白起病著，秦昭襄王只好派王陵出兵，卻換來大敗而歸。病好後的白起就為秦昭襄王分析形勢，表示現在這個仗肯定打不贏，勸秦昭襄王放棄攻趙。

　　秦昭襄王卻聽不進去，再三要白起出征，還派范雎去請他。奈何白起以生病為藉口，就是不出征。秦昭襄王只好退而求其次，派老將王齕出馬，但依舊搞不定邯鄲，反而傷亡慘重。

這回秦昭襄王的面子澈底掛不住了，又聽說白起居然在家說自己的風涼話，更是怒火中燒，再次強行命令白起上前線。白起也與秦昭襄王槓上了，硬是請病假來搪塞（ㄊㄤˊ ㄙㄜˋ），最後竟鬧得失了官爵，還被勒令搬出咸陽。

　　此令一下，真把白起給氣病了，一時半會兒動身不了。之後的三個月裡，秦軍頻頻戰敗，惱羞成怒的秦昭襄王一刻都不想看到白起，派人將白起驅逐出城。想來秦昭襄王也是一時之氣，只求眼不見為淨，但范雎卻在這時給白起補上了致命的一刀。范雎向秦昭襄王進言說白起離開時頗有怨言，萬一他投奔別國就糟了。

　　最是無情帝王家，君臣之恩哪能和江山穩固相比？范雎此言正中秦昭襄王下懷，於是秦昭襄王當即命使者帶劍追趕，賜死白起，以絕後患。可憐白起身為一代戰神，叱吒（ㄔˋ ㄓㄚˋ）風雲，敵得過六國的千軍萬馬，未嘗敗績，卻擋不住官場上的暗箭傷人，人禍不斷。

　　自古寶劍贈英雄，白起得到的最後一把寶劍，卻讓自己的生命在那個名叫杜郵的地方默默隕落，只剩征戰一生、未嘗敗績的神話長留青史……。

良將的自我修練

　　一篇〈廉頗與藺（ㄌㄧㄣˋ）相如〉的課文，讓廉頗成為戰國四大名將中最為我們所熟知的一位。但〈廉頗與藺相如〉畢竟是經過修飾的文學作品，真要了解被司馬遷評為一代「良將」的廉頗，還需翻開史卷，從字裡行間尋找這位良將自我修練的一生。

Hi，「EQ低」將軍！

原來你是這樣的將軍

本期主角　廉頗

戰國末期趙國名將，與白起、王翦、李牧並稱「戰國四大名將」。勇猛果敢，屢立戰功，聞名於諸侯。因率兵討伐齊國，取得大勝，奪取了陽晉，被封為上卿。趙悼（ㄉㄠˋ）襄王即位後，鬱鬱不得志，老死於楚地，享年八十四歲。

戰國四大名將之一

小檔案

本名	廉頗
別稱	信平君
所處時代	戰國後期（趙國）
出生時間	西元前 327 年
去世時間	西元前 243 年
主要成就	攻取陽晉，固守長平，圍困燕都
官職	將軍、上卿、代理相國

負荊請罪　EQ低

失業專業戶

負荊請罪

當時藺相如因為將寶玉和氏璧完璧歸趙，後又在澠（ㄇㄧㄣˇ）池會盟解救趙惠文王，因而被封為上卿，官位在廉頗之上。廉頗很不服氣，揚言要當面羞辱藺相如。藺相如得知後，盡量迴避忍讓，不與廉頗發生衝突。藺相如的門客以為他畏懼廉頗，藺相如回答說：「秦國不敢侵略我們趙國，是因為有我和廉將軍。我對廉將軍容忍、退讓，是把國家的危難放在前面，把個人的私仇放在後面啊！」這話被廉頗聽到後，覺得自己的確不該這麼做，於是脫下戰袍，背上荊條，到藺相如府上請罪。由此他們解除心結，成為好友。

戰場官場齊揚名

相信大家第一次知道廉頗，多半是在國文課本的那篇〈廉頗與藺相如〉中。那麼大家還記得文中的廉頗是如何和藺相如較勁的嗎？廉頗在貶低藺相如功勞的同時，不忘標榜自己有「攻城野戰之大功」。

廉頗如此不謙虛地吹捧自己，是大言不慚，還是名副其實？這就要回溯廉頗和藺相如鬧不愉快之前的歷史了。

趙惠文王初期時，秦國還沒有一家獨大，只是在西邊稱霸，與趙國、齊國鼎足而立。秦國要向東擴張版圖，首當其衝的就是趙國，但趙國將士在廉頗的率領下多次挫敗了秦軍。秦國看趙國這塊硬骨頭太難啃，一時拿不下，於是改變了策略，選擇與趙國化敵為友，拉著趙國一起攻打齊國。只要東方最大的強國滅亡了，秦國還怕不能殲滅其他小國嗎？而趙惠文王也有自己的想法，他希望在聯合各國滅掉齊國後，自個兒在東方稱霸，並最終和秦國一決高下。所以趙惠文王同意了秦國的聯盟，派廉頗率兵攻打齊國。對陣齊國的這一戰中，廉頗表現得十分神勇，率領趙兵長驅直入，勢如破竹，一舉攻下了陽晉。

★ 藺相如

戰國時期趙國上卿，政治家、外交家。多謀善辯，歷史上關於他的最重要的三個事件分別是：完璧歸趙、澠池之會、負荊請罪。

完璧歸趙

原意指藺相如將完美無瑕的和氏璧完好地從秦國帶回趙國，後比喻把物品完好地歸還給物品的主人。

陽晉屬於兵家必爭之地，所以廉頗攻入齊國的國境之內，一舉拿下陽晉，足以威震各國，並讓他「以勇氣聞於諸侯」。廉頗班師回朝後，也因此被趙王拜為上卿。

　　但赫赫戰功也掩蓋不了廉頗 EQ 偏低的事實。澠池會盟之前，這趙惠文王還活得好好的呢，廉頗就坦言已做好趙惠文王一去不回，扶太子登基上位的打算。廉頗心裡想想就算了，還非得當面說出來。趙惠文王就算表面不發作，也免不了心裡會不舒服吧。說話不經腦子的廉頗沒有意識到藺相如的「口舌之功」代表著一個國家必不可少的外交實力。在戰國時期，不少縱橫之士只憑藉三寸之舌，就能左右一國乃至幾國，在未來幾年甚至十幾年內的關係。

澠池之會

　　秦昭襄王二十八年（西元前 279 年），秦昭襄王想集中力量攻打楚國，為免除後顧之憂，主動與趙國交好，約趙惠文王會於澠池。趙惠文王害怕秦軍的實力但又不敢不去，藺相如便陪同他前往澠池。秦王為了取笑趙王，就讓趙王鼓瑟。在趙惠文王被迫鼓瑟的情況下，藺相如為了使趙王挽回面子，據理力爭，使秦昭襄王不得不擊缶（ㄈㄡˇ）。後來，秦國向趙國要十五座城為秦王祝壽，藺相如寸步不讓，說要用秦國國都咸陽為趙王祝壽，使秦昭襄王毫無所得。藺相如機智地保護了趙王的安全並且不被羞辱，史稱「澠池之會」。

但好在廉頗是一個知錯能改的人，及時對藺相如負荊請罪，反而促成了一段千古佳話。不過有一點值得注意的是，許多人以為這時的廉頗是一名頭髮花白的老將，但根據廉頗一生的機遇來推算，當時的廉頗，頂多三十多歲。廉頗才到壯年，就在戰場和官場都揚了名！

守成之將不丟臉

在被拜為上卿後，廉頗帶兵參與了大大小小的戰役，和白起一樣未嘗敗績，征途看似一片平坦。但很快，他與白起都迎來了人生中的轉捩點——長平之戰。長平之戰的經過在前文的〈白起篇〉已經詳細講過一遍，這裡就不再贅（ㄓㄨㄟˋ）述。對於這場戰役中廉頗的表現，史上有不同的評價，褒貶不一：有人認為趙括是替廉頗背了黑鍋，因為廉頗指揮作戰時，趙軍就已經處在劣勢了；也有人認為廉頗採取固守戰術是萬般無奈中的上策，無可厚非。

打敗仗不是我的錯，我只是背黑鍋！

你打仗不行怪我？我還沒說是誰讓我失業的呢！

如果當時趙孝成王（趙惠文王兒子）沒有聽信讒（ㄔㄢˊ）言，沒有換下廉頗，長平之戰的結局會不會不同呢？

Hi，「EQ低」將軍！

誰也猜不到，因為歷史已成定局，沒有如果，只留下難以探究的遺憾。但廉頗為將的作風，卻能從長平之戰中窺見一斑。如果說在軍事謀略上，白起是天縱奇才，那麼相較之下，廉頗只是個英勇的人才。就像平原君趙勝對廉頗的評價，倘若廉頗真與白起正面交手，只怕不是對手，但論持久戰，廉頗可以與白起抗衡〔「與之（白起）野戰則不如，持久足以當之。」〕。

　　廉頗喜歡穩妥作戰的率兵風格。當時秦軍攻打韓國，在一個叫作閼（ㄩˋ）與的地方準備交戰。趙惠文王先叫來了廉頗，詢問應不應該出兵救韓國，救的話有沒有勝算。廉頗當時的回答是「道遠險狹，難救」。而同為趙國名將的趙奢卻給了趙惠文王完全不同的答案，他認為正是因為「道遠險狹」，才有「勇者勝」的勝算。趙惠文王聽從了趙奢的意見，派其出兵，果然大獲全勝。

趙奢

　　戰國時期趙國名將之一。因屢立戰功，被趙惠文王封為「馬服君」，由此人們便稱呼他的兒子趙括為「馬服子」。

由此可見，廉頗作戰喜歡穩中求勝，是個典型的守成之將。趙勝（平原君）將白起與廉頗對比，並非要貶低其中任何一方，只是要強調兩個人各有所長罷了。廉頗多年沙場征戰的戰績也證明了守成之將也同樣是良將——至少讓秦國好幾年內不敢再犯趙國。所以雖然廉頗當不了奇才，但經過一番自我修練，當個持重的守成大將也不丟臉嘛！

成也勇來敗也勇

　　長平之戰後，廉頗失去了趙惠文王的信任，在家賦閒許久，一直到趙孝成王時期才重回戰場，再續輝煌，打了一場以少勝多的漂亮勝仗。可以說，是燕國在廉頗功成名就的征途上又放上了一塊墊腳石。

　　當時燕國想趁著長平之戰後趙國元氣大傷來分一杯羹，便在西元前 251 年舉兵攻趙。那時趙奢已死，趙孝成王重新想起廉頗，便派他與樂乘帶領十三萬人馬抗擊燕軍。

終於輪到我上場了，我要認真鑽研他打勝仗的方法！

　　廉頗是個不打沒把握之戰的人，他認為這場仗對燕軍採取個個擊破的策略，就有極大的勝算。因為一來儘管燕軍人多勢眾，但主將卻好大喜功，驕傲輕敵——兵分多路進攻，試圖一口氣拿下趙國；二來燕國士兵長途跋涉來攻趙，難免疲憊，士氣不足。於是廉頗分兵五萬給樂乘，牽制攻打代地的燕軍，確保其援兵無法南下支援，然後自己率八萬將士和燕軍主力對戰。

在廉頗的指揮下，趙軍英勇作戰，很快就大敗燕軍，還斬殺了燕國主將栗腹。主力敗北，攻代的燕軍自然很快潰不成軍，被樂乘迅速擊退。按理說，戰事至此，趙國以少勝多，反敗為勝就應該滿足了。但廉頗卻不罷休，越戰越勇，直接率軍一路追擊到了燕國境內，並圍攻燕都。趙軍士氣高漲，燕王也不敢硬碰硬，不得不割地求和，才換得趙軍退兵。這一戰中，廉頗勇猛無比，再創傳奇，回國後便被封君，還成了代理相國，一度炙手可熱。

　　然而好景不長，趙孝成王不久後就去世了，他的兒子趙悼襄王繼位。趙王聽信寵臣郭開的讒言，下令讓樂乘代替廉頗。但說實話，宦海沉浮，誰能一帆風順？在那個戰火紛飛、良將難求的時代裡，只要有真本領，哪怕一時遭到排擠失意，也不愁沒機會東山再起啊！可是廉頗卻壓不住自己的火暴脾氣，且鑄（ㄓㄨˋ）下大錯──怒擊前來接任的樂乘。

 **樂乘**

戰國時期趙國將領，原本是燕國將領，後投靠趙國，趙孝成王封其為武襄君。

樂乘被廉頗打跑了，廉頗也不可能再在趙國待下去，只能無奈地投奔魏國。魏王表面上收留了廉頗，卻只是供他美饌佳餚，並不重用。這不怪魏王不識貨，而是一個因為職位被替代就「造反」的將軍，誰敢重用呢？

　　但廉頗就完全沒有機會了嗎？不，他還有。後來趙悼襄王多次被秦軍圍困，又想起了廉頗，於是派人去試探廉頗是否還能打仗。廉頗高興極了，卻用了一個不太聰明的方式來證明自己還有能力打仗。廉頗竟然用飯量證明自己，在飯桌上自顧自地狂吃，反倒被郭開趁機賄賂了趙國使者，讓使者向趙悼襄王覆命時，把廉頗描述成了一個吃得多、如廁次數也多的「老飯桶」。

　　就這樣，廉頗與他最後一次回到趙國東山再起的機會失之交臂，最後在輾轉到楚國後鬱鬱而終。

　　總結廉頗這一生，可謂成也勇、敗也勇——成於善戰之勇，敗於莽（ㄇㄤˇ）夫之勇。若不是在自我修練之路上功虧一簣（ㄎㄨㄟˋ），廉頗這位「趙之良將」怎麼也落不到客死異鄉的地步，真是可嘆啊！

★ 郭開

　　戰國時期趙幽繆王的寵臣。歷仕趙悼襄王、趙幽繆王兩代君主，拜為相國，封為建信君。後進入秦國，拜為上卿。先後陷害趙國廉頗、李牧兩位大將。

視官場如戰場

　　戰國四大名將中的白起、李牧為讒言所害，廉頗則鬱鬱而終，這三位都未能為自己的人生打一場完美的終結戰，似乎也印證了「功高震主難善終」的官場定律。但剩下的這一位，王翦卻是例外。他建功無數，卻能在多疑寡恩的秦始皇手中全身而退，壽終正寢。

　　王翦的智慧不僅用在了戰場，也用在了官場，來看看他是如何做到的吧！

Hi，好脾氣將軍！

原來你是這樣的將軍

本期主角　王翦

戰國時期秦國名將、傑出的軍事家，是秦始皇統一六國、開疆擴土的大功臣，因為功績卓著，拜太師，封為武成侯。秦始皇統一六國後，他急流勇退，沒有輔佐秦始皇建立德政、鞏固國家根基。與白起、李牧、廉頗並稱「戰國四大名將」。

秦始皇統一六國的大功臣

小檔案

本名	王翦
字	維張
所處時代	戰國後期（秦國）
出生時間	約西元前 280 年
去世時間	約西元前 210 年
主要成就	平定六國，南征百越
官職	大將軍、太師

要心機愛　

聰明絕頂

保命有招　

打仗與眾不同

王翦率六十萬秦軍浩浩蕩蕩地討伐楚國，在秦軍抵達楚國國境之後，竟然整整一年不跟楚軍打仗，反而過上了悠閒的「養老」生活，每天用比賽投石、跳高來打發時間。楚國將領項燕雖然率領了四十萬的楚軍，但比秦軍少二十萬，所以不敢貿然強攻。兩方軍隊就這麼耗了一年，楚軍終於按捺（ㄋㄚˋ）不住，剛要行動，王翦就出其不意地率兵出擊，結果大破楚軍，最後平定了楚國。

22　原來歷史是這樣【將軍出征】

鬥什麼別鬥氣

紀傳體史書《史記》中對王翦最開始的軍旅生涯的記載幾乎是一片空白,只說他年輕時是一個軍事迷,一直到秦始皇十一年(西元前 236 年)時,才開始在戰役中嶄(ㄓㄢˇ)露頭角。當時王翦奉命帶兵攻打閼與,大敗趙兵,還為秦國順帶攻下其餘九座城池。那一戰後過了七年,王翦迎來了他職業生涯的第一個巔峰戰——與同為名將的趙國李牧對抗。

由於李牧在這次戰役之前已經多次讓各國,尤其是秦國的虎狼之師無功而返,所以王翦很清楚與李牧硬碰硬地鬥勇恐怕難以成事,還得多鬥智。因此,王翦一邊與李牧僵持,一邊命人回稟秦王,希望秦王能配合自己對李牧使用反間計。這一招,秦人對趙國不止用過一回,長平坑卒之痛仍在,可是趙國的君主卻早已好了瘡口忘了痛,再次自毀長城,成就了王翦大破邯鄲、踏平趙地的戰功。

就在王翦滅趙的第二年,一件被後人熟知的歷史大事發生了——燕國太子丹派荊軻刺秦王。這意味著燕國已經窮途末路。王翦的機會又來了。秦王,也就是嬴政。荊軻的行動失敗,嬴政大怒,派王翦發兵攻打燕國。燕國弱小,哪裡是秦國虎狼之師的

> 多謝李牧有個傻瓜國君,讓我打贏了仗。

傻瓜 好騙

趙幽繆王

對手？王翦沒花什麼力氣，就把燕王打得落荒而逃去了遼東。王翦立下大功，班師回朝。

燕國至此名存實亡，至於燕太子丹的下場，這要提到另外一名秦國將領李信。當時對燕的一戰，是由李信率領先遣部隊最先抵達易水河畔，與燕太子丹的部隊作戰。後來，燕太子丹大敗，與燕王向遼東逃竄（ㄘㄨㄢˋ），李信帶著幾千人窮追不捨，最後逼得燕王對自己的兒子痛下殺手，將太子丹的首級獻給了秦國。

李信的這一做法可真是替嬴政出了一口惡氣。嬴政覺得李信果敢又忠誠，在那之後十分器重李信，反而對王翦的態度模稜兩可起來。在分別徵詢兩人攻楚需要多少兵力時，嬴政也選擇了李信口中「只要二十萬兵力」的說法，還吐槽說王翦老了，變得膽小了。

當將領最怕的就是被君主認為老了，不中用了。嬴政此話一出，似乎就宣告了王翦從秦國一線大將的地位上退了下來。王翦生氣嗎？毋庸置疑，他說的分明是肺腑之言卻沒有被採納，身體明明還處於巔峰狀態卻被說成年老力衰──這事放在誰身上都覺得心寒。

但王翦卻不像其他火暴脾氣的將領那樣，試圖與嬴政據理力爭，或是發脾氣走人。他順著嬴政的話，選擇了告老回鄉休養。畢竟白起、廉頗和李牧的前車之鑑就擺在那裡，這讓王翦得出了一個道理：在君主面前，鬥什麼就是別鬥氣！

王將軍，什麼事情這麼高興啊？

我被辭退啦！

被辭退竟然這麼高興……

官場如戰場

話又說回來，李信帶領二十萬秦兵去攻打楚國，最後結果如何呢？一開始，李信確實是勢如破竹，大獲全勝，捷報頻傳。嬴政在秦宮中聽得那是一個揚揚得意，以為當真只需要二十萬人便可破了楚國，創下新的豐功偉業，可是情勢卻在最有利時急轉直下。

李信正要帶兵與蒙恬會師，卻不知自己的大軍被項燕率兵一路尾隨，楚軍發起攻擊，秦軍大敗而歸。秦軍損兵折將，兩個營地被攻破，七個都尉被斬殺，這真是秦國多年以來都沒遭受過的奇恥大辱。

★ 項燕

戰國末年楚國名將，率軍大敗了秦將李信，攻入秦軍兩個營地，殺死秦軍七個都尉。後與王翦對陣時兵敗自殺。

★ 蒙恬

秦朝時期名將，出身名將世家，自幼胸懷大志。率軍攻破齊國，拜為內史，深得秦始皇寵信。

當敗績傳回秦宮時，嬴政大怒，當下即明白是自己自信過了頭，才聽信李信之言，犯下輕敵大錯。於是他親自策馬飛馳，前去王翦的老家頻陽認錯。對此，王翦是怎麼表現的呢？他當然沒像白起那樣說風涼話，也沒學李牧非得讓趙王多道幾次歉才消氣。王翦只是稍微推拖了一下，隨後心平氣和地向嬴政要六十萬的兵馬出征。

你覺得王翦太容易低頭，做人太沒骨氣？那你可知道，嬴政剛剛聽聞秦軍大敗，可是憋了一肚子火啊！王翦為何要在這風頭上讓嬴政不痛快呢？嬴政會為了一時的戰事需要，對王翦低聲下氣，那仗打完之後呢？難保嬴政日後不會為此對他秋後算帳。小人的讒言為什麼能奏效？除了國君昏庸之外，也多是因為君臣之間一點點累積下來的嫌隙，讓那些小人有機可乘！

王翦在對攻打楚國這件事上「一落一起」是相當冷靜的。他知道國君需要他的時候並非是他耍大牌的時候。他也明白嬴政之所以會重用李信，多半就是在提防自己功高震主。

如果當初嬴政一口應允王翦的要求，或者王翦拚死進諫，逼得秦王答應了呢？這對王翦來說就是一件好事嗎？很顯然不是。秦王對王翦心中存疑，敢輕易將六十萬的兵力交給王翦率領嗎？到時若是秦軍勝了，嬴政多半會覺得王翦是憑藉人多勢眾贏的；但若是秦軍稍有不慎與差池，那麼王翦的下場恐怕也是死於反間計之類的吧。

戰場上的明槍易躲，官場上的暗箭卻難防，多少名將就算沒死在沙場上，也會被同僚或君主在背後捅了致命的一刀。所以說，官場如戰場啊！

我求的不是財，是命

李信這一仗的失敗，讓嬴政碰了壁，同時對王翦的信任度也回升了一些。王翦在這時領兵出征，也算是一個好機會。然而王翦卻不斷做出讓眾人都難以理解的舉動——從出征到函谷關的一路上，他本人親自向嬴政求了一次良田豪宅，這還不算，他還在行軍過程中五次派人回去找嬴政討賞！

按理來說，為國出征本來就是為人臣子的分內之事，哪有像王翦這樣理直氣壯，跟談生意似的，一來一往討價還價，把自己和子孫幾代的田產都要到了？就算求財心切，他也不必做得這麼過分吧？嗯，能這麼想的人，忠心可嘉，但混官場的智慧卻需要加強。尤其是在嬴政這樣多疑的人手底

> 王將軍，李信打仗輸了，這滅楚還得是您領兵啊！

> 大王，讓我打仗好說，給我良田豪宅即可！

下混，做人太傻太天真，註定走不好，也走不遠。

　　試想，六十萬人馬幾乎是整個秦國的兵力，如果王翦帶著這些兵倒戈一擊，自己稱王呢？又或者是帶著這些兵投奔他國了呢？所以這次派王翦攻打楚國，對嬴政來說是高風險投資。王翦必須讓投資人放一百二十個心，才不至於自己在前線作戰時「後院起火」。

　　王翦幾次求財的做法，正是為了讓嬴政安心──表明他王翦絕沒有異心，只惦（ㄉㄧㄢˋ）記著勝利回朝後靠嬴政賞賜的田產頤（ㄧˊ）養天年呢！王翦之所以這麼做，求的不是財，而是命啊！唯有這麼做，他才能保住自己和兒孫的命啊！

　　而後來的事實也證明了王翦的做法是正確的。同樣是在與敵軍對戰時堅守不出，廉頗和李牧都被撤換，而王翦卻順利地實行完了他的戰略。王翦一直等到楚軍輕敵撤軍的那一刻，才出其不意地展開奇襲，一舉大破楚軍，斬項燕，擄楚王，使得楚國從此不復存在。隨後他又帶著這批人馬南征百越，勝利而歸，被晉封武成侯。至此，他不僅不負秦國，自己與子孫的財與命，也算是都保住了。

　　秦國統一天下的功勞中，王翦一人就占了不少，但他沒有遭遇「狡（ㄐㄧㄠˇ）兔死，走狗烹」的噩運，反而被嬴政尊為太師，最終頤養天年，得了善終。王翦用他的高EQ和官場智慧為我們做了一個很好的示範。官場如戰場，功高震主的名將們若能懂得政治，也不是沒有全身而退的可能！

大人，您要這麼多豪宅，秦王會放過您嗎……

我這也是為了保命啊……

看來王將軍只是個財迷。

只想安靜地做戰神

　　同為戰國四大名將，趙國名將李牧與其他三位有著明顯不同的特質：一是低調、與世無爭；二是他的職業生涯，尤其是起步階段與眾不同。

　　當各國將領都在諸侯兼併戰中一決高下時，李牧卻在邊境與匈奴對戰，就此成名，如一匹黑馬闖入眾人視線。讓我們一起來看看戰神李牧那不一樣的成名路吧！

Hi，低調將軍！

原來你是這樣的將軍

4

本期主角　李牧

戰國時期的趙國名將、軍事家，與白起、王翦、廉頗並稱「戰國四大名將」，是戰國末年東方六國最傑出的將領之一。李牧深得士兵和百姓的愛戴，有著崇高的威望。在一連串的作戰中，他屢次重創敵軍而未嘗一敗，顯示了高超的軍事指揮藝術。

小檔案

趙國白起　戰神　耿直　死得冤枉

本名	李牧
別稱	無
所處時代	戰國後期（趙國）
出生時間	不詳
去世時間	西元前 229 年
主要成就	敗匈奴，滅襜襤（彳ㄢ　ㄌㄢˊ），破東胡，連卻秦軍
官職	武安君

李牧死，趙國亡

　　戰國末期，李牧是趙國賴以支撐險局的唯一良將，因此有「李牧死，趙國亡」的說法。他打過的仗中，最著名的是破匈奴之戰與肥之戰，前者是中國戰爭史中以步兵大兵團殲滅騎兵大兵團的典型戰例，後者則是圍殲戰的範例。他攻打匈奴的方法，後來成為魏尚、狄仁傑等後世名臣攻打北方胡人的常用招數。

我行我素，成竹在胸

　　一般將領走的成名路線通常為攻城掠地，一戰爆紅，然而李牧卻走不了這個路線——因為他的任務是戍（ㄕㄨˋ）守邊關。其實早在趙惠文王末期，北方的匈奴開始動不動就騷擾趙國邊境、搶奪財物了，直到趙孝成王繼位，才派了李牧前去鎮守代地和雁門郡一帶。

　　儘管趙孝成王沒有把李牧當作一線名將放在抗秦戰爭的舞臺上力捧，不過卻十分大方地把邊疆的財政大權和軍權一併交給了他。如此一來，李牧可謂「要兵有兵，要錢有錢」，那小日子過起來，可不比其他領兵征伐諸侯國的將領差啊！

　　當然了，趙孝成王給了李牧多大的權力，就對他寄予了多大厚望，但李牧的所作所為著實令人失望。李牧一到任，就一改之前匈奴來犯必定迎戰的戰略，反而組織士兵當起了「縮頭烏龜」。他要求所有士兵一旦發現匈奴兵入境就立刻返回營壘（ㄌㄟˇ），堅守不出。如果有人敢自作主張迎戰，他才不管打贏了還是打輸了，一律軍法處置。

　　對於百姓，他也一樣實行軍事化管理，收割的糧草要及時上交，牲口也都嚴格掌控。一旦看到烽火燃起，百姓和物資就都得藏好。匈奴兵只擅長在邊境趁機劫掠糧草與牲口，碰上趙兵這樣死守不出的做法也沒轍，每次都空手而歸。

如此幾年下來，趙國的邊境安寧，將士傷亡極少，百姓的財產也沒有再因此損失，「戰果」看似不錯。但無論是趙王，還是邊關的將士們，對此都不滿意。

　　趙王給李牧邊關大權，是想讓李牧給匈奴一點顏色看看，可不是讓他去玩捉迷藏的，而將士們對這個隔三差五就宰牛宰羊為他們改善伙食的將軍也滿腹怨言。畢竟拿糧餉不就是為了報效國家嗎？敵人就在眼前卻不能出戰，這兵當得也太窩囊了吧。

將軍，匈奴又打來了！

哦，照老樣子，堅守不出，不用搭理他們。

　　面對趙王派人督戰的行為，還有將士們在背地裡的埋怨，李牧卻不為所動──只要他還在任上，誰都改變不了他的作戰風格。趙王看李牧連自家君主的面子都不給，不由得氣急敗壞，索性將李牧撤了職，召回邯鄲，看他還不低頭認錯。

　　然而失業的李牧卻只是十分淡定地「家裡蹲」：難得趙王給他放長假，就先休息一段時間，相信過不了多久，趙王還是得回過頭來請自己出山。

「不打則已，一打驚人」

果然，新上任的邊關將領每逢匈奴來犯都積極出戰，但都戰績慘澹（ㄉㄢˋ），將士死傷多，百姓也無法正常地進行農耕與放牧，一時怨聲載道。趙孝成王這才想起李牧的好，只得再請他出山，重返邊疆。李牧卻也不急著答應，裝病不出，等趙孝成王三顧茅廬之後，才對趙孝成王說：「如果您一定要用我，那得同意我的治邊之策，我才敢領命。」對於他的要求，趙孝成王當然是二話不說就答應了。

就這樣，李牧官復原職，還是幾年如一日地防禦，防禦，再防禦。「忍」字訣被他練到了出神入化的境界，但他手下的將士還是嚥不下這口氣，紛紛請求與匈奴決一死戰——不能讓匈奴人笑話我們趙兵膽小怯戰啊！

李牧一看是時候了。經過這麼多年，匈奴已經完全輕敵，而趙兵鬥志空前高漲，只等著一雪前恥！

此時不打，更待何時？於是李牧當機立斷，開始調兵遣將，精心挑選並訓練出了一個專門對付匈奴騎兵的大兵團。這個兵團可不得了，包括大量戰車、騎兵、步兵和弓弩手，戰鬥力驚人。匈奴騎兵在趙國兵團的包抄下和輪番進擊之下，完全沒了往日威風。

> 當縮頭烏龜這麼多年，這次我們可以反擊了！

趙國最強軍團

Hi，低調將軍！

這一戰，李牧靠他出色的作戰策略與排兵布陣，用十五萬人殲滅了曾經無人可擋的十萬匈奴鐵騎！他還乘勝追擊，將周邊的三大部落收服，從此威震邊關，一躍成為戰神。

這之後的十多年裡，匈奴再也沒膽來趙國邊境挑戰李牧的鐵腕作風。誰都沒想到，那個被眾人當作懦夫的李牧默默地鎮守邊關多年，卻是為了能夠「不打則已，一打驚人」。

趙之白起，是福是禍？

趙國的北部邊境問題是解決了，但強秦的威脅卻迫在眉睫。尤其是到趙悼襄王時期，國內人才凋敝——藺相如、趙奢已死，廉頗和樂乘也都「離家出走」投奔他國了。因此在打仗這件事上，趙國只能靠李牧一人獨挑大梁。

李牧這個人沒什麼為官頭腦，對職位與爵位的高低也不太在乎，一心只想著如何打勝仗。趙悼襄王哪天需要他了，就派他去抵禦秦兵。等把秦兵打回去了，李牧又默默地回雁門郡繼續幹老本行，過與世無爭的邊塞生活，甚至都懶得去討賞。

> 李牧真是忠心之臣！

> 我不愛錢，不愛權。

李牧的心思全投注在行軍打仗上，從來都捉摸不透為什麼幾任趙王對他只有呼來喝去，卻始終不替他加官晉爵。不過到了趙幽繆王執政時，李牧總算撈到了一個聽起來響噹噹的封號——武安君。

　　聽起來是不是很耳熟？沒錯，這也正是白起的封號。那麼趙幽繆王怎麼突然想起為李牧加封了呢？這還要從趙幽繆王三年（西元前233年）說起。

　　當時秦兵再度來犯，趙幽繆王糊塗，只看關係不看能力，派了親信扈（ㄏㄨˋ）輒去對抗大舉來犯的秦兵，使得十萬趙兵全軍覆沒！趙幽繆王這才想起李牧，急忙任命李牧為大將軍，立刻南下迎敵。任勞任怨的李牧當然是二話不說趕赴前線，在一個叫作宜安的地方和秦軍作戰——他一如既往的大手筆，一出馬就殲滅了十萬秦軍！

> 叫武安君的都沒什麼好下場！

> 我是武安君。

> 我也是武安君。

　　當消息從前線傳回來時，趙幽繆王真是喜出望外，特別有面子，直說「李牧真是寡人的白起」，就這樣將李牧封為武安君。李牧完全當得起這個稱號，因為在當時能與秦軍抗衡的將領放眼諸國寥寥無幾，更別說讓秦軍如此慘敗了。可是武能安邦的白起最終得到善果了嗎？還不是落得一個賜死杜郵的結局，所以說李牧成為「趙之白起」，還真不知道是福是禍啊！

戰神隕落，死而有憾

宜安之戰後，李牧又率領著趙國的將士再次阻擋了秦、魏、韓三國的輪番進攻，幾乎以一己之力在延緩趙國的滅亡進度。不少史學家認為若李牧後來沒有被害，或許趙國能多堅持幾年才被滅國。

但歷史總是驚人的相似，李牧很快就在趙幽繆王七年（西元前229 年）走上了白起的後塵——多年軍功敵不過佞（ㄋㄧㄥˋ）臣的幾句讒言。正當李牧在前線與秦國大將王翦相持時，在後方的趙幽繆王卻信了郭開的話，以為李牧有謀反之心，下令派將領趙蔥、顏聚接管前方軍事。

佞臣

善於奉承、諂媚的臣子。

大王，聽說李牧在前線沒有打仗，而是密謀造反啊！

啊！

接到這個命令的李牧是什麼反應呢？他深知這兩個人根本不是王翦的對手，因此沒有選擇順勢退休，明哲保身，而是拒交兵權，繼續指揮作戰。李牧本以為自己可以用最終的勝利來證明自己的能力與忠心，卻沒想到此舉反而坐實了他「擁兵謀反」的罪名，最後被趙幽繆王殺害。

關於李牧之死的記載，紀傳體史書《史記》上只有隻言片語的紀錄。但從國別體史書《戰國策》中的詳細敘述來看，李牧其實從未想過趙幽繆王會要他的命，他甚至還想再見趙幽繆王一面，向趙幽繆王解釋清楚自己身長臂短，為了行禮到位才在右手捆綁木頭，而不是什麼匕首。然而，欲加之罪、何患無辭？無論是在御前揮舞所謂的匕首，還是在面見趙幽繆王時沒有解下佩劍的不敬之罪，都只是趙幽繆王想讓李牧死的一個藉口罷了！

戎馬一生的李牧沒有戰死沙場，馬革裹屍，反而遭君王猜疑，銜劍自刺而亡，實在是死而有憾。若是他能一直在邊疆安安靜靜地做一名戰神該有多好？可是天不從人願，或許從他被封為武安君的那一刻起，「李牧死，趙三月而亡」的悲劇就已註定……

★ **趙幽繆王**

戰國時期趙國的最後一位國君，以品行不端聞名趙國，因生母趙悼倡后深得其父親趙悼襄王的寵愛才被立為太子。

對抗匈奴將軍榜

我的獎呢？

衛青　　霍去病　　李廣

怎麼就你最難封

　　王昌齡在自己的〈出塞〉中用一句「但使龍城飛將在，不教胡馬度陰山」，把「飛將軍」李廣寫得可謂是霸氣外露，一夫當關萬夫莫開。但同為唐朝詩人的王勃卻也寫過「馮唐易老，李廣難封」的詩句，借用典故來慨嘆自己的命途坎坷。

　　西漢時對抗匈奴的大將衛青、霍去病都被早早封侯，為什麼名氣不輸他們的李廣卻偏偏至死都不曾受封呢？讓我們一起來看看李廣這「難封」的一生吧。

Hi，倒楣將軍！

原來你是這樣的將軍

本期主角　李廣

西漢時期的名將，英勇善戰，歷經漢景帝、漢武帝，戰功赫赫，對部下也很謙虛和藹。漢文帝、匈奴單（ㄔㄢˊ）于都很敬佩他。李廣自殺後，許多部下及不相識的人都為他悲傷痛哭，司馬遷稱讚他是「桃李不言，下自成蹊（ㄒㄧ）」，意思是桃李有芬芳的花朵、甜美的果實，雖然不會說話，仍能吸引人到樹下賞花嘗果，以至於在樹下走出一條小路出來。

小檔案

本名	李廣
別稱	飛將軍
所處時代	西漢
出生時間	不詳
去世時間	西元前 119 年
主要成就	多次與匈奴交戰，保衛國家
官職	太守

深受愛戴　廉潔　射箭迷　戰功苦無

漢朝的贖刑

漢律，允許犯罪的人繳納一定的財物抵免刑罰，這個制度就是贖（ㄕㄨˊ）刑。漢武帝時期，因為連年與匈奴打仗，消耗了大量的國力，財政吃緊，為了湊足軍費和各種國家支出，漢武帝大力推行贖刑，無論犯下什麼重罪，都可以花錢解決，但是這個錢的數額很龐大，一般人不可能付得起。漢惠帝時，大概花六萬錢就可以免去死罪，而到了漢武帝時，要花五十萬才可以免除死罪。李廣因與匈奴打了敗仗，被判死刑，只得花錢保住一命。

秀出大將風

　　李廣的祖先是秦朝時曾經為秦始皇追殺過燕太子丹的李信，李廣算是將門之後。當然了，古代將門也不少，認真算起來他這個將門之後的身分也沒什麼特別了不起，但李廣還是了不起啊，因為他射起箭來，連石頭都不放過。

　　有一次他外出打獵，一時沒看仔細，把草叢中的一塊石頭當作了老虎，驚訝之下，直接拉弓就是一箭，大力射了過去。等他射中後走近定睛一瞧，才發現原來那隻老虎是塊石頭。雖然之後他還想再射石頭玩玩，卻始終沒辦法把箭再射入石中。

我射中老虎了！

　　石老虎射過了，李廣當然也不會放過真老虎，可謂「哪裡有虎去哪裡」，親自射殺，不遺餘力。如果老虎們能夠張口說話，恐怕都要問一句「咱們結什麼仇什麼怨」了。但老虎不發威也不能

真當人家是隻病貓，李廣在右北平做太守時，有一次不慎被一頭凶猛的惡虎撲傷，不過他最終還是憑藉著自己高超的技藝保住了「射虎英雄」的人設。

　　但李廣又不是武松，武二郎與虎近身搏鬥，而李廣弓箭在手，可以遠距離對老虎造成傷害，怎麼還會被虎撲傷了呢？歸究原因，多半還是源於在射箭這件事上李廣的「偶像包袱」太重了，哪怕是在戰場上他都要做到望敵射之。為了能做到箭無虛發，李廣在兩軍交戰時經常要等到敵人靠近自己數十步之內才肯放箭，所以多次被敵人圍追。他和猛獸對峙（ㄓˋ）也是如此，距離太近，能不被撲傷嗎？

　　只能說想要秀出大將風采，就少不了頻繁掛彩嘍！

一番操作猛如虎

　　儘管李廣的「偶像包袱」不輕，但身為將領的個人素質與專業素養還是很深厚的。他為將廉潔，不僅與士兵同吃同住，還常常把自己的賞賜分給部下，以至於當了幾十年的官，都沒有為自己累積下多少家產。在治理軍隊上，李廣也與眾不同，各類相關文書能簡化就簡化，行軍操練也不必遵守嚴格的規矩，安營紮寨就選在水草豐盛的地方，讓每個士兵都感到十分便利。不僅如此，到了晚上，軍營裡也無需打更戍（ㄕㄨˋ）衛，大夥兒都能安安穩穩地睡個好覺。

　　你說沒人守夜那還得了？如果敵方偷襲軍營豈不是全軍覆沒了？不用擔心！李廣早就布置好了哨兵，所以這樣的假設是不會發生的。士兵們都覺得李廣有膽有謀，在他手下當兵安逸輕鬆，便都願意跟隨他，與他同甘共苦。

　　那麼問題來了，李廣帶著他的隊伍到底取得了怎樣的戰績呢？

元光六年（西元前 129 年），漢武帝派出四路人馬出擊匈奴，帶軍將領分別是衛青、公孫敖、公孫賀和李廣。大家除了發兵地不同外，帳下都是一萬騎兵，可以說「起跑線」都是一樣的，人人都有立功封侯的機會。要知道，文景二帝時期，漢朝對匈奴的戰略方針都是以防禦為主的，而武將封侯多半得靠在戰場上的戰功，因此李廣一等就等了二十五年，才等到朝廷主動對匈奴開戰。

　　本以為等來的是個絕佳機會，卻萬萬沒想到被命運捉弄，拐了個彎走向不同的道路——李廣的隊伍遭遇匈奴主力，幾乎全軍覆沒，李廣自己也被俘虜了，靠著裝死才逃回朝廷。

　　朝廷覺得李廣的軍隊損失慘重，自己還被生擒，就判了個斬首。好在允許贖刑，李廣花錢才換回條命來，封侯沒封成，反倒丟了官職，被打回了庶人身分。

　　李廣做了幾年庶民，皇帝又想起他來，先是命他擔任右北平太守，攻擊入侵的匈奴，接著又讓他頂替了郎中令的空缺，後來命令他跟著大將軍衛青出擊匈奴。

而這次戰役，少年霍去病一戰成名，被封為「冠軍侯」，其他將領也有不少軍功達到被封侯的，唯獨李廣的軍隊沒有拿得出手的戰功，聽起來也是挺叫人同情的。

然而，李廣的「衰運」還沒有走完。西元前 120 年，李廣和張騫（ㄑㄧㄢ）兵分兩路行軍，再次出擊匈奴。結果李廣才走出幾百里，就被匈奴左賢王帶領的四萬騎兵包圍了。當時李廣手裡又有多少人呢？正好是敵軍的十分之一——四千。士兵們都很害怕，但李廣毫不慌亂，為穩定軍心，他讓兒子李敢帶人身先士卒，在圍困中衝殺一番後折返，告訴大家這些匈奴兵都是「小菜一碟」。這下士兵們都安心了，他們聽從李廣號令布成圓形陣勢，想堅守待援，可是匈奴人一放箭，被包圍的漢兵就死傷過半。

但多虧李廣始終鼓舞士氣，還親自用大黃弩射死了幾個匈奴副將，否則誰都撐不到第二天張騫的援軍來解圍。因為這一戰主要是張騫耽誤了約定的日期，所以李廣沒有被罰也沒有受封。這次他不需要再靠錢贖命了。

封侯太難早註定

連番的戰場失意並沒有讓李廣氣餒（ㄋㄟˇ），相反，隨著年紀越來越大，他知道自己馳騁沙場斬獲軍功，得以封侯的機會不多了。因此當元狩四年（西元前 119 年），漢武帝發動漠北之戰時，李廣多次要求跟隨衛青、霍去病的大軍出征。漢武帝一開始也不想答應，畢竟那年的李廣都已經六十多歲了，但後來實在經不住李廣再三請戰，才讓他擔任了前將軍。

然而，在李廣滿懷期許，騎上戰馬，打算大展身手時，他並不知道，自己已經被安排好了。漢武帝表面上答應了讓他出征，私下卻交代衛青，說李廣這人年紀大了，運氣又背，千萬別讓他和匈奴單于對戰，以免無法俘虜單于。於是當李廣向衛青請求做先鋒，與單于決一死戰時，他毫無懸念地被拒絕了。衛青是此戰的大將軍，衛青大將軍要調李廣這個前將軍去右將軍部隊，走東路迂迴，李廣也只得帶著滿腔的怒意，領兵與右將軍趙食其會合。

　　結果東路軍沒有嚮導，因為迷路而落後了衛青所率軍隊一大截，直到衛青和單于都打完仗，回程了，兩隊人馬才碰上。李廣因迷路沒有參戰，這情況肯定是要上報給漢武帝的。衛青做事很是周全，派人前去詢問時，還送去吃食和酒，但李廣心裡正鬱悶著，不想回答原由。於是衛青便派人責令李廣手下的人員前去受審。這時李廣站了出來，表示軍隊迷路與部下無關，都是他的過失，隨即親自到衛青處，當著部下的面將這些年的委屈一股腦兒地傾訴出來，最終含恨自刎。

　　也不知在李廣在生命的最後，是否會懷念起自己年輕時隨漢文帝出行的情景，又是否會想起漢文帝當時曾說過的一句話。漢文帝曾說：「可惜啊！你沒遇到好時機，如果讓你趕上高祖的時代，封個萬戶侯那還在話下嗎？」（惜乎，子不遇時！如令子當高帝時，萬戶侯豈足道哉！）

跳槽誰最強

  在歷史小說《三國演義》和許多民間故事中，呂布都被定位為「三國第一猛將」，更有「馬中赤兔，人中呂布」之說。但實際上，著名的「三英戰呂布」只是小說虛構的情節，歷史上並無這一幕。

  呂布確實勇武過人，但單挑是不是最強的，我們也不好下斷言。不過論起在「跳槽界」的排行來，恐怕沒有哪個大將能像呂布一樣，每次跳槽都跳得那麼驚天動地了……

Hi，愛跳槽將軍！

原來你是這樣的將軍

本期主角　呂布

東漢末年名將，群雄之一，以勇武聞名，號稱「飛將」，所用的實戰武器為矛。在中國四大名著之一的《三國演義》及民間故事中，呂布多被塑造成三國第一猛將，他的武器也被虛構為方天畫戟（ㄐㄧˇ）。他最出名的不是哪一場戰績，反倒是戲貂蟬這個「花邊故事」。

漢末群雄之一

反覆無常

小檔案

本名	呂布
所處時代	東漢
出生時間	不詳
去世時間	西元 199 年 2 月
主要成就	誅殺董卓，擊破張燕，大敗袁術，使曹操數戰不利
官職	平東將軍

飛將

武力過人

人中呂布，馬中赤兔

「人中呂布，馬中赤兔」出自《三國志》，意思是人才如呂布，馬如同三國名馬赤兔。比喻非常出眾的人才，萬裡挑一。赤兔馬是好馬的代表。《三國志》中有關赤兔馬的記載並未提到因何稱之為「赤兔馬」，於是後人就認為赤是說馬的毛色，兔指馬跑得快如兔子。其實這是誤解，赤兔馬是指兔頭狀的紅馬，而並非跑得快如兔子的紅馬。

48　原來歷史是這樣【將軍出征】

人生第一跳

　　呂布出生於并州五原郡的九原縣，拿的是擅長騎射、體力過人、驍（ㄒㄧㄠ）勇尚武的「大將劇本」，年紀輕輕就被并州刺史丁原任命要職，做了主簿。嗯，你沒看錯，呂布一代武將，一開始做的竟是個文職工作，但這可不是丁原有意為難他。相反，丁原對呂布很親近，可能是想把他往文武兼備的道路上栽培吧。

★ 丁原

　　東漢末年官吏，為人粗略，有武勇，善騎射。曾任并州刺史，官拜騎都尉，屯兵河內。後與董卓意見不合，產生矛盾，於是董卓誘使呂布將他殺害，他的勢力也被併吞。

　　不過很快，丁原就覺得呂布的武力值該派上用場了。東漢中平六年（西元189年），東漢的漢靈帝去世，丁原接到大將軍何進的召喚，讓他率領軍隊到洛陽助自己一臂之力，誅殺宦官。這種打打殺殺的事情，丁原當然要帶上呂布啦。於是呂布跟隨著丁原出發了，準備大顯身手。

　　然而接下來劇情發展的速度卻快到完全出乎丁原和呂布的意料，何進被「十常侍」設計誘殺，袁紹等人索性借勢衝入宮中，將宦官全部血洗。總之就是，丁原來晚了，和誅宦之事沒沾上邊，不過他這一趟也沒白來，還撈了個「執金吾」的官職。這「執金吾」可是個權力極大的官——京城保衛部門的長官，專管京中治安，還握有軍權，升官了，不算虧。

十常侍

　　東漢漢靈帝時期操縱朝政的十二個宦官，他們都任職中常侍，分別是張讓、趙忠、夏惲（ㄩㄣˋ）、郭勝、孫璋、畢嵐、栗嵩、段珪（ㄍㄨㄟ）、高望、張恭、韓悝（ㄎㄨㄟ）、宋典。

和丁原一樣來晚的還有董卓，他也是響應何進的號召來清君側的。但他來了一看，得了，誅殺閹（一ㄢ）黨這事早被別人做完了，於是開始琢磨著做點別的事情，比如廢立皇帝。但在那之前，他得先解決掉手握京師兵權的「執金吾」丁原。而丁原軍中最令人忌憚（ㄉㄢˋ）的，可不就是呂布嗎？只要他將呂布收為己用，還怕搞不定丁原？

　　就這樣，呂布人生第一次跳槽的「東風」颳來了，而且颳得呼呼直響。史書上並沒有記載董卓到底是怎麼說服呂布背叛舊主的，但只有一個結果，那就是呂布不僅背叛並殺害了丁原，還和董卓結成了義父子關係。

★ 董卓

　　東漢末年漢獻帝時的軍閥（ㄈㄚˊ）、權臣，官至太師。利用漢末戰亂和朝廷勢弱，占據京城，廢少帝，立漢獻帝，並挾持號令，東漢政權從此名存實亡。後被呂布所殺。

> 只要你跟著我，我許你升官發財！

> 董卓爸爸！

呂布式連跳

　　董卓這個「金主爸爸」對呂布還挺不錯，先後讓呂布任職騎都尉、中郎將，又封為都亭候。董卓相信，有呂布這麼英武的人在手下聽令，就算想幹掉自己的人再多也不怕。但這「父子」倆的相處也並非都是那麼和諧，董卓凶暴愛猜疑，曾經因為一點小事不順心，就拔出手戟擲向呂布，還好呂布身手敏捷避開了。

當別人的手下沒有未來，我要把持朝政！

祝我們合作愉快。

★ 王允

東漢末年的大臣，出身名門望族，世代官宦。密謀刺死董卓，聯合呂布共同執政，後董卓餘黨攻破長安，王允兵敗而被處死。

　　而呂布呢，也有對不起董卓的地方，他和董卓的婢女私通了。正當呂布為事情早晚有一天會敗露而不安時，王允找到了他，請他作為內應幫忙，除掉董卓，再次跳槽。呂布有些猶豫，畢竟董卓是他義父，但王允一句話就勸到了他的心坎裡。王允說：「將軍你姓呂，你們本來就不是親生骨肉，更何況你現在擔心自己的性命還來不及，還說什麼父子之情呢？」呂布聽完後，想到董卓之前差點兒用手戟殺了自己，自己不趕快採取行動保命，還等什麼呢？

　　於是呂布果斷完成了人生的第二次跳槽──刺殺董卓，轉投王允，不僅成功加薪升官，還直接進入了政權中心，和王允共同把持朝政。

Hi，愛跳槽將軍！

但呂布的舒服日子並沒有持續太久，誅殺董卓之後，王允漸漸自我膨脹起來，獨斷專行，聽不進意見，不僅引起朝中大臣不滿，還因為在如何安排和處理董卓的舊部一事上反覆無常，因而招來了董卓嫡（ㄉㄧˊ）系部隊涼州兵的奮起反抗。

涼州兵進軍長安，一路勢如破竹，呂布見大事不妙，決定戰略性轉移——帶兵出逃。這回他還算夠義氣，詢問了自家老闆要不要一起跑路，卻被王允斷然拒絕。之後王允被殺，呂布開始了他的漫漫「跳槽路」，先是投袁術，再是靠袁紹，結果彼此都相處不來。正當呂布打算去找素有交情的河內太守張楊時，半路上遇到一個人，讓他改變了主意。這個人就是東漢大臣張邈（ㄇㄧㄠˇ），他和曹操心腹陳宮密謀，打算趁著曹操東征在外，舉兵造反。

三國政權

三國（西元220—280年）是中國漢朝與晉朝之間的一段歷史時期，分為曹魏、蜀漢、東吳三個政權。

> 我們是三國三雄！

曹操　　　劉備　　　孫權

人馬和地盤都是現成的，只差一個威名在外的人物來當老大，於是呂布就成了被選中的「兗（一ㄢˇ）州牧」，兗州所屬郡縣果然紛紛響應號召，背叛了曹操。

　　曹操得知老巢被襲，自然是要殺回去的，所以呂布與曹操僵持近兩年，還是沒有保住自己的地盤與業績，一夜之間又回到了待業狀態。但他很快就鎖定了下一個跳槽目標——劉備。

還往哪裡跳

> 我的好弟弟，讓我們共創大業。

> 誰是你弟弟呢？

　　為了能順利投奔劉備，呂布一見劉備就對他很是尊敬，自稱與劉備「同為邊地人」，想和他攀上點地緣關係，拉近一下距離。這種「認老鄉」的做法無可厚非，但接下來呂布的言行卻讓人摸不著頭腦了。呂布請劉備坐在帳中內眷（ㄐㄩㄢˋ）的床上，讓妻妾向劉備行禮，還仗著自己年紀大，稱呼劉備為弟弟。劉備聽了，心裡當然不舒服，但考慮到接收呂布及其下屬部隊確實能壯大自己的實力和聲勢，就沒有將不悅表現出來，而選擇了接納呂布。

叛主跳槽這種事情做多了，或許真的會上癮。呂布這個閒不住的，很快在劉備與袁術作戰的時候，禁不住袁術二十萬斛（ㄏㄨˊ）大米的利誘，把劉備的老巢下邳（ㄆㄟˊ，徐州所轄）給抄了。

★ 袁術

東漢末年割據群雄之一，出身名門，是袁紹同父異母的弟弟。為人驕奢淫逸，橫征暴斂，導致江淮地區民多餓死、部眾離心。

可是呂布攻取下邳之後，袁術卻並沒有按照約定把糧食運來。當時打不過袁術的劉備敗逃回來，無奈之下向呂布求助。於是呂布就把劉備接了回來，只不過這下呂布是真把劉備當小弟使喚了，自己當著「徐州牧」，分給劉備一個豫州刺史的虛名，就讓劉備到沛縣屯兵駐守去了。

之後呂布與劉備之間「分分合合」，時間一晃來到建安二年（西元197年）夏五月，袁術想要篡位稱帝，提出與呂布結為兒女親家，以這樣的方式強強聯合。呂布同意了。可是呂布的女兒才隨袁術派來的使節離開，呂布就在陳珪的勸說下，反悔了婚事。呂布派人追回了女兒，還把袁術的使節殺了。

陳珪想讓呂布和曹操合作，計畫派自己兒子陳登去許都面見曹操，呂布起先是不願意的，但正巧曹操的使者前來傳達漢獻帝的旨意——將他任命為左將軍。這下呂布大喜過望，也顧不了「打臉」，就讓陳登啟程去許都向朝廷謝恩了。

陳登顯然早看不慣呂布的反覆無常了，一到許都就找曹操告了一狀，希望曹操能盡快除掉呂布。這正應了曹操的心意，他當下就給陳家父子二人升了官，並讓陳登回到呂布身邊做自己的內應。緊接著，曹操又收到了劉備的「請願書」。當時劉備重新糾集了數萬人馬，還是未能打贏呂布，轉而也投奔了曹操，請求其出手給呂布一點顏色看看。

　　此時的呂布已經很危險了，可是他非但沒有識破陳珪父子的異心，還給了曹操一個名正言順的出兵討伐自己的理由——他又跳槽了！他再次背叛朝廷，和袁術結盟。於是曹操親自率領大軍攻打呂布，經過三個月的圍困，將呂布活捉。

　　呂布被活捉後展現出了驚人的求生欲，他懇切地為曹操描繪出一個美好藍圖：「您若不殺我，我可以為您統領騎兵，您一定可以一統天下！」要不是劉備在旁邊翻出呂布先後背叛丁原和董卓的舊帳來提醒曹操，曹操恐怕就信了。

　　就這樣，曹操拒絕了呂布這次的跳槽請求，頻繁跳槽的呂布終於死於無處可「跳」……

> 英雄總是寂寞的，我竟然沒打過敗仗……

戰神是如何練成的

　　天下大勢，合久必分，分久必合，歷史上有不少大一統和大動盪的時代。魏晉南北朝戰亂不止，群雄割據，你方唱罷我登場，戰亂多，戰神也不少。

　　其中比較厲害的，慕容垂算是一位！他不僅能征善戰，還在前燕滅亡後成功復國，成為後燕開國皇帝。

　　就讓我們來看看戰神皇帝是如何練成的吧！

Hi，皇帝將軍！

原來你是這樣的將軍

本期主角　慕容垂

十六國時期著名的軍事家，後燕開國君主。前燕文明帝慕容皝（ㄏㄨㄤˋ）的第五個兒子。俊朗不凡，才兼文武。十三歲就隨父征戰，勇猛多謀。一生沒打過敗仗，被後世稱為「十六國第一戰神」。

十六國第一戰神

沒打過敗仗

小檔案

本名	慕容垂
別稱	慕容霸、燕成武帝、慕容道明
所處時代	十六國（後燕）
出生時間	約西元 326 年
去世時間	西元 396 年 6 月
主要成就	枋頭之戰、復興燕室、建立後燕、一生無敗
官職	皇帝

文武雙全

長得帥

曾用名為慕容䠇

慕容垂長相帥氣，才華橫溢，因此特別受父親的寵愛。他原本還擁有一個特別霸氣的名字——慕容霸，但是他的受寵讓他哥哥慕容儁（ㄐㄩㄣˋ）很不高興，因此在慕容儁繼承了父親的王位之後，就用自己的權力幫慕容霸改了名字。慕容儁說，「霸」這個字不好，改成「䠇」吧！「䠇」是「缺」的異體字，以此來暗諷慕容垂說話漏風（小時候從馬上摔下來撞掉了門牙）。後來慕容垂乾脆去掉了右邊的「夬」字，只留「垂」字為名了。

原來歷史是這樣【將軍出征】

是金子總會發光

慕容垂是燕王慕容皝的第五個兒子，十三歲就隨四哥慕容恪（ㄎㄜˋ）一起出征，對戰強大的鮮卑宇文部，立下赫赫戰功，被封為都鄉侯，那真是少年得志啊！

但好景不長，慕容皝逝世後，他的第二個兒子慕容儁繼承了燕王的位置，慕容垂從此坐上了冷板凳。誰讓自己的老爹當初太過寵愛自己，導致自己被兄長懷恨在心呢？

再後來，慕容恪和慕容儁都死了，繼位的新帝慕容暐（ㄨㄟˇ）更昏庸。慕容儁在位時，慕容垂雖說不受寵，但跟著四哥慕容恪也沒少過仗打，戰神的光環不曾褪去。可是姪子慕容暐聽信讒言，把慕容垂晾在一邊，竟然讓一個乳臭未乾的小孩慕容冲來掌管軍隊。

東晉大司馬桓溫聽說這事後，高興極了，親自率兵討伐燕國，一直打到了枋（ㄈㄤ）頭。把持朝政的太傅慕容評和皇太后毫無對策，便準備棄城逃跑。

慕容垂看不過去，請戰道：「不戰而逃實在長他人志氣，滅自己威風，臣請前往迎戰！」

救星主動送上門，慕容暐哪有不肯的？於是慕容垂被任命為大都督，領兵五萬南抗東晉。

★ 慕容氏家族

慕容皝：十六國時期前燕君主，軍事統帥。後被追封皇帝，諡號文明。
慕容儁：十六國時期前燕開國皇帝，景昭帝。前燕文明帝慕容皝的第二個兒子。
慕容恪：前燕文明帝慕容皝的第四個兒子。傑出的政治家、軍事戰略家。
慕容暐：前燕景昭帝慕容儁的第三個兒子。
慕容冲：前燕景昭帝慕容儁的兒子，在關中地區殘暴肆虐，導致道路斷絕、千里無人煙。
慕容德：十六國時期南燕開國皇帝，前燕文明帝慕容皝最小的兒子。
慕容評：前燕文明帝慕容皝的弟弟。

慕容氏家族

慕容垂老爸皝　慕容垂叔叔評

慕容垂二哥儁　慕容垂四哥恪　我是主角　慕容垂小弟德

慕容垂姪子暐　慕容垂姪子沖

雖說慕容垂已經年過四十，有了白髮，但打起仗來一點也不含糊。他知道晉軍的弱點在於糧草準備不足，就命人到晉軍後方進行包抄，切斷了晉軍的漕運糧道。晉軍接連失利，僵持了幾天後糧草中斷，又聽說前秦援燕軍隊將到，只好急忙撤退。

晉軍敗走，慕容垂卻不乘勝追擊，說：「晉軍乍敗，只會更加警惕。心急吃不了熱稀飯，等到他們鬆懈時，我們再給他們沉重一擊！」

於是，慕容垂只率領精兵八千慢慢跟著。晉軍一路退至襄邑（一ˋ），舟車勞頓，看燕軍又沒有猛追，就放鬆下來，安營紮寨。慕容垂在這時卻突然加速行軍，與早已在襄邑埋伏的慕容德東西夾擊，大敗晉軍，斬首三萬多人。

前燕轉危為安，慕容垂功不可沒，班師回朝後威名大震。慕容垂這顆金子終於又閃閃發光啦！

出奔前秦

慕容垂本以為憑藉著這次的力挽狂瀾，自己就能重新受重用，卻沒想到不僅請功報告被無視，還收到了慕容評勾結皇太后，要祕密除掉自己的消息。

「豈有此理！要不是我，他們早就成為亡國奴了！」慕容垂只覺得忍無可忍，但他又不忍心同室操戈，平白讓外人占了便宜。

於是他投奔了一直很欣賞自己的前秦皇帝苻（ㄈㄨˊ）堅，還受到了熱烈歡迎，總算讓他稱心了一回。當時的苻堅早就覬覦（ㄐㄧˋㄩˊ）燕國，卻因為忌憚燕國有慕容恪和慕容垂這樣的戰將而遲遲沒有動手。如今前者已死，後者歸順了自己，他還有什麼好怕的呢？而慕容垂心裡也憋了一股怨氣，於是便冷眼看著苻堅滅了前燕。

然而當慕容垂看著自己的族人在秦國氐（ㄉㄧ）族貴族的統治下如履薄冰地生活著時，心裡開始不是滋味了。他畢竟是燕國人，更是鮮卑人，當初對不起自己的也只是慕容評等人，和其他族人無關。他還能心安理得地待在秦國享福嗎？

★ 苻堅

十六國時期著名的政治家，前秦的第三位國君。治國以民為本，誅殺奸惡權貴，免除百姓賦稅，撫恤孤寡老人，畢生以消除各民族矛盾為己任，各族百姓對他十分地愛戴。苻堅是內遷少數民族統治者中宣導漢化、促進民族融合的先行者之一。他使前秦成為了當時中國境內經濟文化發展最迅速、政治較清明、行政效率最高、最有規模氣度、最富生氣的政權。

但讓他下定決心復國的，則是在得知了自己的兒子慕容令竟然是被王猛陷害而死的。王猛之所以要陷害他的兒子，全是因為王猛一直對他這個異族人戒心重重。原來這麼多年他始終沒有得到信任，又何必再想著效忠前秦呢？這回國恨家仇都湊齊了，慕容垂還有什麼理由不選擇復國呢？

★ 王猛

十六國時期前秦的丞相，傑出的政治家、軍事家、改革家。好讀兵書，善於謀略和用兵，文武雙全。為統一北方做出了重大貢獻，執政期間，北方呈現小康景象，人稱「功蓋諸葛第一人」。

戰神變皇帝

慕容垂打定主意，開始謀劃經營，收納舊臣子弟，圖謀復國，還在關鍵時刻鼓動苻堅南下：「北方已定，您何不一鼓作氣，南下蕩平偏安江南的東晉？這樣統一天下的霸業就指日可待了！」他這一番話，將一統天下的藍圖展現在了苻堅面前，誘惑力極大。苻堅本身也野心勃勃，就不顧王猛臨死前的勸誡和其他大臣的阻攔，決定攻打東晉。

太元八年（西元383年），苻堅的百萬大軍在著名的淝（ㄈㄟˊ）水之戰中全線潰敗，只有慕容垂的三萬大軍因遠離主戰場而完好無損。恰好，苻堅領著幾千殘兵敗將前來與慕容垂會合。羊入虎口，慕容氏沒有一人不歡喜這唾手可得的復國機會。

　　但慕容垂做了一個令人跌破眼鏡的決定，他不僅不殺苻堅，還把自己的三萬軍隊交給了苻堅，決定隨苻堅一起回長安。這並不是慕容垂的婦人之仁，而是秦軍主力雖敗，但石越、毛當以及苻堅的兒子苻丕等人仍握有重兵，他靠三萬人馬並沒有必勝的把握。這一次的手下留情，也算報答了苻堅的昔日之恩了。

　　不過慕容垂也並非真的打算跟苻堅回長安，一到澠池，他再也按捺不住內心的渴望，藉口鎮壓關東前燕遺民騷動，正式叛離了苻堅。

淝水之戰

　　中國歷史上著名的以少勝多的戰例。前秦擁有絕對優勢，卻敗給了東晉，也因此走上衰敗，北方各民族紛紛脫離了前秦的統治，分裂為後秦、後燕等幾個政權。東晉則趁此北伐，把邊界線推進到了黃河南部，並且此後數十年間，東晉再無北方力量南下的威脅。此戰，東晉僅以八萬軍力大勝前秦軍的八十餘萬（實則二十多萬）軍力。

唾手可得

指動手就可以取得，比喻極容易得到。
例句：世界上沒有唾手可得的事，都需要經過艱苦的努力。

★石越
有智勇之名，是能征善戰的將領，還頗具謀略，擅判大局。

★毛當
十六國時期前秦名將，與石越共稱為「秦之驍將」。

慕容垂的號召力極強，各地的慕容氏豪強以及前燕的許多舊將聽聞消息後，立刻帶著家兵和部下歸順。這之後，慕容垂東征西討，掃滅前秦主力，收復東北故地，剷平丁零，併吞西燕，令東晉、北魏聞風喪膽，最後成為中國北方的一代霸主。他在花甲之年稱帝，建立了後燕政權。

在經歷了幾十年的浮浮沉沉後，戰神皇帝終於練成。至於這成功的祕訣，大約就是在人生低谷時耐得住寂寞，又能在關鍵時刻挑得起重擔吧！

花甲之年 指老人六十歲。

◎ 十六國

十六國是中國古代史上較混亂的一個時期，當時的北方先後建立了二十多個政權，其中有十六個國家實力強勁，五個國家為主要政權。

前趙、後趙、前燕、前涼、前秦、後秦、後燕、西秦、後涼、南涼、西涼、北涼、南燕、北燕、赫連夏、成漢等政權，總稱十六國。

前涼　後趙　前趙　成漢　後涼　前秦　後秦　前燕　後燕　南涼　西秦　西涼　北涼　赫連夏　北燕　南燕

魏晉南北朝可以說是一個動盪的時期，不僅政權頻繁更迭（ㄉㄧㄝˊ），就連服裝也多有變化。古代服裝史在這個時期也有了重大的變動。大批的胡人由於戰亂遷徙等原因都搬到了中原居住，因此胡服成了中原時裝界的新寵兒，並且一些胡服元素漸漸融合到了漢服裡，例如：緊身、圓領和開衩（ㄔㄚˋ），都是胡服的特點。

　　外衣：從服飾來說，當時服裝受胡服的影響比較大，衣袍外為左襟，上短下長是其特點。下衣（指褲服到胸的服飾），裙長曳地，貴族女子的裙長要曳地五尺。一般庶民或奴婢等女子，上穿開領大袖衫，衣長僅覆腰，下著長裙。

　　內衣：當時的內衣既有前片，又有後片；既可當胸，又可當背，因形得名，俗稱「兩當」，也寫成「裲襠（ㄌㄧㄤˇㄉㄤ）」。兩當本來專用於內衣，又名背心，這一名稱至今仍在使用，也是後世背心的最早形式。

　　鞋履（ㄌㄩˇ）：鞋履的製作更加精良，樣式也更加豐富，主要表現在鞋翹上，女鞋有鳳頭履、立鳳履、飛頭履等，男鞋有聚雲履，梁有分梢履、翁頭履等。此時的木屐在形式和用途上更加豐富。

魏晉南北朝服飾

胡服

　　古代中原人對西方和北方各族胡人所穿服裝的總稱，與當時中原地區寬大博帶式的漢族服飾，有較大差異。後也用來泛稱漢人服飾以外的外族服裝。胡人通常多穿貼身短衣、長褲和革靴，衣身緊窄。古代常見的胡服有圓領袍、曳撒等服飾。

玄幻男主般的不世名將

　　騎著白馬，身穿白袍的可不一定是白馬王子，也可能是陳慶之與他的白袍軍團。

　　南梁傳奇將領陳慶之帶領著白袍軍，僅憑七千人便能挑翻北魏數十萬兵馬，長驅縱橫，所向披靡，留下了「名將大師莫自牢，千軍萬馬避白袍」的民謠。

Hi,「男主角」將軍!

原來你是這樣的將軍

本期主角　陳慶之

南北朝時期南朝梁的名將。出身寒門，少年時為梁武帝蕭衍的隨從，頗受信任。後任武威將軍、宣猛將軍等職，帶兵有方，善撫軍士。他身體文弱，難以拉開普通的弓弩，也不善於騎馬和射箭，不過為人富有膽略，善於籌謀，是一位深得兵心的儒將。

身體弱　有膽略　儒將　會帶兵

小檔案

本名	陳慶之
別稱	白袍將軍
所處時代	南北朝
出生時間	西元484年
去世時間	西元539年
主要成就	北伐北魏，攻取渦陽，威震中原
官職	武威將軍、宣猛將軍、仁威將軍

酷愛下棋　陳慶之從小便跟著梁武帝蕭衍，蕭衍非常熱衷於下圍棋，下起棋來可以徹夜不眠，連飯都忘了吃。其他人都做不到時時刻刻陪著蕭衍，但陳慶之可以，所以陳慶之一直以文職人員的身分陪伴在蕭衍身邊。就是靠著這身棋藝，陳慶之後來才有機會成為一代名將。

棋童轉行當武將

年輕時的陳慶之就是一個文弱書生，他的體格有些差，能當將領的機率微乎其微，能成為名將的機率更是小之又小。因此當年梁武帝蕭衍也只是把他當作一個小棋童養在身邊。雖然陳慶之的身子骨看起來弱，但精神卻是一級棒，能隨時回應心血來潮就要下棋的梁武帝！對此，蕭衍表示非常滿意，當了皇帝後也不忘陳慶之，讓他繼續隨侍身邊。那一年，陳慶之才十八歲，一心想要建功立業，他散財聚士，打算建立一隊自己的人馬。

然而，陳慶之並沒做出什麼名堂，以至於陳慶之這個名字再次出現在史書上時，他已經四十一歲了……不過這一回，陳慶之的出場方式很驚人：他從一個小棋童，突然地被任命為將領，帶著兩千人就去挑釁（ㄒㄧㄣˋ）北魏了。

那是西元 525 年的冬天，北魏的徐州刺史元法僧叛亂，還沒打上幾場轟轟烈烈的仗，元法僧就被北魏派兵圍剿（ㄐㄧㄠˇ）的陣勢嚇破了膽，當下立即投降了南梁。蕭衍一聽開心啊，主動來投降的為何不要？於是他大筆一揮，指派了毫無作戰經驗的陳慶之，護送自己的二兒子蕭綜（ㄗㄨㄥ），帶著兩千人就往北魏槍口上撞——接應元法僧，接管徐州。

★ 元法僧

鮮卑族，北魏宗室、叛臣，北魏開國君主道武帝拓跋珪的玄孫，憑藉血統高貴而身居高位，沒有什麼政治頭腦與管理才幹。雖說他造反無能，但身體不錯，投降南梁後一直受到優待，活到八十三歲高壽。

陳慶之人到中年，突然從文官轉行成武將，大家對此都表示懷疑，懷疑他的治兵能力。但陳慶之就像是玄幻小說中的男主角一樣，不知何時偷偷修練了「絕世武功」，打通了任督二脈，成為了天降奇才——面對北魏派遣的兩萬精銳部隊，陳慶之竟然擊退了敵軍。

這次以少勝多的戰鬥在史書上記載簡略，顯然勝得太輕鬆。可是蕭綜也不知哪根筋接錯了，不久之後竟投降了北魏。皇子叛變，南梁軍心瞬間渙散，被北魏大軍反撲。陳慶之無力回天，只得帶著自己的手下連夜殺出重圍，返回南梁。

戰績如此玄幻

儘管徐州一戰沒有取得最終勝利，但陳慶之為將方面的能力與膽識卻已經有目共睹。所以時隔一年，陳慶之再次出征，目標壽春。這一次，蕭衍給了陳慶之假節身分（「除慶之假節」），總知軍事。蕭衍信任這個陪自己下棋多年的老夥計，給了他調遣兵馬的大權後，自己就跑去寺廟裡當和尚，享清福去了。

陳慶之也沒叫蕭衍失望，連克五十二城，俘獲了七萬多人。蕭衍大喜，給陳慶之加官晉爵，並在第二年命他與領軍將軍曹仲宗聯合進攻北魏的渦陽城，讓尋陽太守韋放率兵與他們在渦陽會合。

不過韋放一去就和陳慶之唱起了反調。陳慶之打算立刻迎戰北魏大軍，韋放卻認為與北魏前鋒精銳部隊衝突，就算獲勝了也討不到什麼便宜；要是輸了，士氣就會低迷，所以還是先別打，以逸待勞。陳慶之不信邪，就自己帶了五百騎兵，去北魏兵營來了個「一夜遊」——區區五百人，衝入北魏大軍的軍營，居然在一夜之間把北魏的先鋒部隊給擊垮了！如此玄幻的戰績，當真是厲害了！

夜襲成功後，陳慶之立刻乘勝出兵，和自家將領會合後一起進攻，背靠渦陽與北魏軍對峙。這一對峙便是一年，交戰上百次卻毫無進展。後來北魏軍又在梁軍陣地後偷偷建起營壘，曹仲宗等將領害怕腹背受敵，想要逃走。陳慶之怒而搬出蕭衍給他的假節身分，站在軍營門前發表演說：「我們到這裡一年了，什麼事都沒做成就想著退兵？你們誰要想溜，我這裡另有密詔，可以直接宰了你們！」（慶之杖節軍門，曰：「須虜圍合，然後與戰；若欲班師，慶之別有密敕（ㄔˋ）。」）

將士們一聽沒辦法啊，逃兵必死，衝鋒陷陣說不定還能殺出一條活路。那咱們就衝吧！結果這一衝，還真就衝破了北魏軍苦苦建了近一年的十三座營寨。陳慶之率眾乘勝追擊，北魏軍或被斬或被俘，幾乎全軍覆沒。

假節
在戰時狀態，將軍不必「左請示、右彙報」，可以直接斬殺自己軍中觸犯軍令的士卒。

白袍軍，太酷炫

隨著渦陽收歸南梁版圖，陳慶之在不久後也迎來了他職業生涯的巔峰。梁大通二年（西元 528 年），北魏發生嚴重的內亂：北魏將領爾朱榮謀反，大肆屠殺皇室成員。這可把身為北海王的宗室成員元顥（ㄏㄠˋ）嚇壞了，他二話不說投降南梁，請其出兵幫助平定。

於是蕭衍又派陳慶之出馬，點兵七千，想讓他一路北上打下北魏的都城洛陽，護送北魏宗室元顥稱帝。當時爾朱榮手裡雖然沒有他謊稱的百萬雄師，但幾十萬士兵總是有的。讓七千人去挑戰幾十萬人，所有人都覺得蕭衍老糊塗了。

然而陳慶之再次讓人刮目相看。他帶著這七千穿著白袍、騎著白馬的將士一路北上，勢如破竹。北魏軍要麼稍稍與白袍軍一交鋒就敗下陣來，要麼就直接聞風而逃。直到滎（ㄒㄧㄥˊ）陽，這個守兵七萬、易守難攻的城池，才第一次讓陳慶之久攻不下，差點鎩（ㄕㄚ）羽而歸。

當時北魏救兵將至，滎陽未克，將士皆恐，陳慶之分析戰場形勢：「我方七千，敵方三十餘萬。平原之上，我無法與敵方騎兵野戰，應在敵方救兵未至之前，攻下城池。諸位將士，不要狐疑，否則會貽（ㄧˊ）誤戰機。」（我等才有七千，虜眾三十餘萬……吾以虜騎不可爭力平原，及未盡至前，須平其城壘，諸君無假狐疑，自貽屠膾。）

★ 元顥

鮮卑族。北魏宗室，北魏獻文帝拓跋弘的孫子。迫於朝廷內亂及葛榮起義的壓力，投靠南梁。藉助南梁兵力，帶領陳慶之殺回北魏，稱帝於睢（ㄙㄨㄟ）陽。在位期間荒淫無道，三個月後，兵敗被殺。

鎩羽而歸

鎩羽：羽毛摧落。比喻失敗或不得志而歸。

這一番話把白袍軍「逼上了死路」，卻也因此讓他們殺出了一條活路。所有將士都不要命似的往城牆上撲，前仆後繼，終於有兩個壯士登上城牆，瘋狂砍殺守軍。這批白袍軍就以這種不要命的姿態，搶在北魏援兵到達城下之前，攻占了滎陽。

接下來發生的一切更是令人難以置信。陳慶之並未據城死守，反倒領著三千騎兵背靠城池，一口氣殲滅了在城外集結完畢的北魏援軍。至此，剩下的北魏守將只能聞風喪膽，趁早投降了。

從銍（ㄓˋ）縣出發到洛陽，陳慶之與他的白袍軍在一百多天內平定三十二座城池，打了四十七場仗，真是太酷炫了！（自發銍縣至於洛陽，十四旬平三十二城，四十七戰，所向無前。）

聞風喪膽

意思是聽到一點兒消息，就嚇得喪失了勇氣。
形容對某種力量非常恐懼。

巔峰過後也不賴

元顥在陳慶之的護送下成功坐上皇位，卻開始自尋死路——上表告知蕭衍，北魏叛軍剩下的那點兵馬小菜一碟，不用再派援兵了。於是當爾朱榮親自率百萬大軍來攻打元顥時，元顥政權顯然大勢已去了。但與元顥兵分兩路防守的陳慶之還在繼續書寫著屬於他的「勵志小說」，三天之內和對方打了十一場仗，殺敵眾多，把爾朱榮打得毫無辦法，幾乎想撤兵了。

就在這時，爾朱榮的隊伍中出了個人才，他善觀天象，掐指一算，說：「十天之內，你肯定能勝！」結果還真被他給說中了。爾朱榮想開了，改變了方向，調主力攻打元顥。元顥被打得落荒而逃，陳慶之當然也得跟著上司一起撤嘍〔（爾朱榮）與顥戰於河橋，顥大敗，走至臨潁，遇賊被擒，洛陽陷。〕。

★ 爾朱榮

北魏末年將領、權臣。他聰慧機敏，遇事有決斷。他發展自己的勢力，組織了一支強悍的軍隊，藉著為北魏朝廷效力的機會，逐步建立起自己的霸業。

> 神算子先生，為什麼我打仗老是輸給陳慶之？

> 因為陳慶之是小說男主角，你只是個跑龍套的。

原本陳慶之是不慌不忙集結軍隊，帶著將士們且戰且退的，誰料竟遇上山洪暴發，一下子全軍覆沒了！死裡逃生的陳慶之機智地打扮成和尚，一路回到江南。蕭衍也頗為體恤他，依舊為他加官晉爵，繼續重用，不是讓他打打仗平定叛亂，就是給他個地方大官當當，直到他五十六歲去世。

　　大多數名將在輝煌的戰役過後就會迅速隕落，又或是死於各類的天災人禍，而巔峰過後的陳慶之卻得以善始善終，為他這本「勵志小說」畫上了一個完美的句點。

陳慶之的成就

* **政治成就**

　　陳慶之坐鎮江淮期間，採取休養生息的政策，發展邊境城市的生產，兩年的時間，邊境一帶府庫充足。後又表請精簡南司州為安陸郡，置上明郡。豫州鬧饑荒，他開倉放糧賑濟災民，使大部分災民得以度過饑荒。以李升為首的八百多名豫州百姓請求為陳慶之樹碑頌德。

* **軍事成就**

　　陳慶之出身庶族，受傳統觀念影響較小，用兵靈活。他的指揮風格的最大特色是重視士氣，善於把握戰機，善於避敵主力，誘敵深入，集中優勢兵力，各個擊破。陳慶之不但在戰場上注重士氣的作用，在平時也注意士氣的累積。在滎陽之戰中，他的演講讓梁軍將士沒有了任何顧慮，於是梁軍在陳慶之指揮下「相率攻城」，創造了魏晉南北朝時期少有的戰例。

「托塔天王」傳奇

  隋唐是一個名將輩出的時代，秦叔寶、程咬金、尉（ㄩˋ）遲恭等大將在各類演義的故事中頻頻出現，深受後世敬仰。但你知道嗎，得到了唐朝開創者李淵的高度讚譽，被說「古代名將韓信、白起、衛青、霍去病沒有一個比得過他的」，卻並非以上這些人，而是低調做「軍事大神」的李靖。

9 Hi,「托塔天王」將軍!

原來你是這樣的將軍

本期主角　李靖

隋末至初唐時期傑出的軍事家。李靖儀表魁偉，擅長用兵、謀略，為唐朝的建立和發展立下赫赫戰功，被冊封衛國公，世稱「李衛公」，成為「凌煙閣二十四功臣」之一。他的治軍作戰經驗，進一步豐富了中國古代軍事思想和兵法理論。著有《六軍鏡》等多部兵書，但多已失傳。

小檔案

出將入相

本名	李靖
別稱	李衛公、李藥師
所處時代	唐朝
出生時間	西元 571 年
去世時間	西元 649 年 7 月
主要成就	滅蕭梁，破輔公祏（ㄕˊ），擊滅東突厥，平定吐谷渾（ㄩˋ ㄏㄨㄣˊ）
爵位	衛國公

托塔天王

戰功赫赫

大唐戰神

凌煙閣二十四功臣

唐朝貞觀十七年（西元 643 年），唐太宗李世民為紀念當初一同打天下的諸多功臣，命畫家閻立本在凌煙閣內描繪了二十四位功臣的畫像。「二十四功臣圖」比例皆真人大小，均面向北方而立。閣中分為三層：最內一層所畫為功勳最高的宰輔之臣，中間一層所畫為功高王侯之臣，最外一層所畫為其他功臣。

二十四功臣為：長孫無忌、李孝恭、杜如晦、魏徵、房玄齡、高士廉、尉遲恭、李靖、蕭瑀（ㄩˇ）、段志玄、劉弘基、屈突通、殷開山、柴紹、長孫順德、張亮、侯君集、張公謹、程知節、虞世南、劉政會、唐儉、李勣（ㄐㄧ）、秦瓊。

建設唐朝的一塊磚

李靖出生於南北朝末期，儀表堂堂，家世不俗，祖父、父親的官職都不低，舅舅是隋朝名將韓擒虎。韓擒虎總喜歡和外甥李靖談論兵法，還特別談得來，覺得這外甥是個可以栽培的可造之材。李靖從小受薰陶，自然就有了做一番大事業的雄心壯志。他曾經和父親立下心願，如果自己能碰上明主，一定要跟隨其建功立業，求取富貴。

> 我的夢想是做一番大事業！

二十歲

> 我的夢想是追隨明主！

三十歲

> 我的夢想是……算了，四十歲了，我沒有夢想了。

四十歲

但明主哪裡是那麼好遇見的？李靖從二十多歲到四十多歲的仕途，充其量也只能算是平順，穩紮穩打地升著官，並無大放異彩的機會。直到隋煬帝大業末年，朝廷既要應對北方突厥的進犯，又要鎮壓各地反隋勢力的叛亂，可謂是內憂外患，統治搖搖欲墜，誰都想趁亂分走一杯羹，乃至登大寶，包括當時身為隋朝太原最高軍政長官的李淵。

★ 李淵

唐朝開國皇帝，是十六國時期西涼王朝的開國君主李暠（ㄍㄠˇ）的後裔，世代顯貴。李淵為人灑脫，性格開朗，待人寬容，無論貴賤之人都能得其歡心。唐太宗李世民是他的第二個兒子。

Hi，「托塔天王」將軍！

李靖那時在李淵帳下效力，與突厥對戰。他敏銳地發現，李淵這招兵買馬的架勢不太對啊，似乎想造反啊！都說食君之祿，忠君之事，更何況李家世代都端的是朝廷給的飯碗，李靖心裡當然還是站在皇帝那邊，於是他決定去京城告上司李淵一狀。可是他有官職在身，私自離開肯定會被李淵發現，引起李淵的懷疑，怎麼辦呢？李靖靈機一動，想出了一個法子：「自鎖上變」。就是把枷鎖往自己身上一戴，以罪犯身分被押送至長安，神不知鬼不覺。然而局勢太過混亂，等李靖到了長安，卻因為道路阻塞沒有見到隋煬帝，反倒在不久後落到了攻下長安的李淵手裡……。

　　李淵想斬了李靖這個告密者，李靖在生死關頭大聲疾呼：「你們興起義兵，本是為天下除去暴亂，怎麼不去成就大事，反而為了私人恩怨斬殺壯士呢？」這一疾呼成功吸引了李淵的注意。李世民聽了這番話，也覺得李靖這人有膽有識，再三為其求情。李靖因此獲釋，不久後被召入李世民麾（ㄏㄨㄟ）下，開始了他為大唐征戰沙場的全新職業生涯。

★ 李世民

很好，你成功引起了我的注意，做我的將軍吧！

　　唐朝的第二位皇帝，政治家、戰略家、軍事家、詩人。聰明果斷，擅長騎射。與北方地區各民族融洽相處，獲得尊號「天可汗（ㄎㄜˋ ㄏㄢˊ）」，為唐朝後來一百多年的盛世局面奠定了重要基礎。

哪裡需要哪裡搬

　　撿回一條命的李靖為李淵父子效力，是相當敬業的，指哪裡打哪裡，毫不含糊，都是勝仗。李靖先是跟著李世民去打王世充，接著又受命前往對付南方割據勢力蕭銑（ㄒㄧㄢˇ），途經金州時，又順手點撥了一下連吃敗仗的廬江王李瑗（ㄩㄢˋ），助其一舉擊敗了蠻兵，順利通過金州，抵達峽州。不過當時蕭銑控制住了險塞，使得李靖的隊伍前進受阻。李靖部隊行動遲緩，惹得李淵懷疑李靖有異心，虧得當時接到處死李靖密令的峽州刺史許紹是個愛才的明白人，及時勸阻了李淵，李靖才又逃過一劫。

★ 王世充
隋朝末年群雄之一。

★ 蕭銑
南梁王朝梁武帝蕭衍的六世孫，隋朝末年起兵反隋，自稱梁王，南方割據群雄之一。

★ 李瑗
唐朝宗室、大臣、將領，唐高祖李淵的堂姪。

★ 許紹
唐朝大臣，年少時和唐高祖李淵是同學。

　　不久後，開州蠻首冉肇則造反，攻打夔（ㄎㄨㄟˊ）州，趙郡王李孝恭率兵與之交戰失利，於是李靖就又被「搬」過去救場。李靖果斷率領八百人奇襲對方營壘，大破敵軍，之後又在險要處設下伏兵，直接斬殺了冉肇則，俘虜眾多敵兵。這一戰大獲全勝，總算讓李淵看到了李靖的忠心。李淵親自寫了一份詔書送給李靖，內容很簡單，只有一句話：「既往不咎，舊事吾久忘之矣。」李淵大筆一揮，當初那段李靖企圖告密的往事被一筆勾銷了。

當皇帝的如此寬宏大量，臣子自然要更加盡心盡力了，於是李靖很快獻上了一份「平梁十策」給李淵。李淵看了這份專門為蕭銑量身打造的攻滅計畫，覺得很有道理，便任命李孝恭為夔州總管，李靖為行軍總管，兼任李孝恭的行軍長史。不過在李淵眼裡，李孝恭不太精通軍旅之事，只能當個擺設，因此李淵特地將統率三軍的實際權力全部都委予李靖。後來的事實也證明李淵是對的，李孝恭冒進栽了大跟頭，被梁軍搶了個精光，虧得李靖抓住時機出兵，才反敗為勝，一路勢如破竹。唐軍將蕭銑困於城中，蕭銑只得開城投降。

　　此後李靖這塊「磚」又被李家父子先後「搬」去對付了輔公祐、東突厥、吐谷渾……無往不利。直到貞觀十八年，年事已高的李靖因染病而沒有跟隨他的明主唐太宗李世民親征高句麗（ㄍㄡ ㄌㄧˊ），最終在五年後病逝。

★ 李孝恭

　　唐朝宗室、名將，唐高祖李淵的堂姪，唐太宗李世民的堂兄，位列凌煙閣二十四功臣第二。性情奢侈豪爽，據說他府上的歌姬舞女就達一百餘人，但他待人寬恕謙讓，沒有驕矜（ㄐㄧㄣ）自得之色，因此李淵、李世民都對他十分親切。

勢如破竹
比喻作戰或工作節節勝利，毫無阻礙。

名人效應變神仙

　　李靖這一生，不僅自己能打、會打，立下赫赫戰功，還教出了徐世勣、侯君集等一大批唐軍名將，並且在戎馬之餘，編寫了《六軍鏡》等多部優秀的軍事著作，只可惜在後世流傳的過程中多有丟失。他為人行事也十分有度，才能做到輔佐明主，善始善終。在歷史上，死後被帝王給予極高哀榮的名將也並非只有李靖一人，為何他卻搖身一變，成了神話裡統領天兵天將的「托塔李天王」了呢？

> 我是來自天上的神仙，我預言你能當宰相！

> 你別開玩笑了。

僕射

　　唐朝時期的僕射（一ㄝˋ）是三省中尚書省的長官，為宰相之一。

＊三省分別是中書省、門下省、尚書省，尚書省級別最高，規模最大。

　　這還得從一個名叫劉餗（ㄙㄨˋ）的進士說起，他在自己的筆記《隋唐嘉話》中講了這麼一個關於李靖的故事。

　　李靖早年很窮，有一次經過華山寺廟，就向神靈問前程，自己將來可以做什麼官？李靖說話的口氣很嚴厲，旁邊的人都覺得奇怪。李靖站了很久，才走出廟門去，剛走出廟門百來步，身後忽然有人大喊：「李僕射，請慢走。」李靖回頭，卻沒看到喊話人的蹤影。後來李靖果真做了宰相，應驗了這句話。

很明顯，能做出這麼準確「預言」的，只有神仙。每天試圖和神仙「聊天」的凡人那麼多，神仙卻只搭理了他，這個故事幾乎是在暗示讀者——李靖不是尋常凡人。

> 李靖大人，勞您明天幫我代班行雨一天了。

到了李復言的傳奇小說集《續玄怪錄》中，加諸在李靖身上的神話色彩就更濃了。書中，李靖不僅造訪了龍宮，還受老龍王所託代為行雨——有了神仙的本事。

但要將李靖和「托塔天王」真正連繫起來，卻還差一個極重要的環節。原先，佛教傳入中原，民間將「托塔天王」的原型——印度佛教四大天王之一的北方毗（ㄆㄧˊ）沙門天王當作了戰神來崇拜。再後來，西域高僧不空曾在自己的著作《毗沙門儀軌》中，記載毗沙門天王在天寶元年（西元742年）顯靈，幫助唐朝軍隊打敗了西域五國敵人。那麼這位天王長什麼樣子呢？《興唐寺毗沙門天王記》是這麼寫的：「毗沙門天王者，佛之臂指也。右扼吳鉤，左持寶塔，其旨將以摧群魔，護佛事。」

好了，這不已經托著塔了嗎？形象有了，就差一個冠名了！那麼冠誰的名呢？這就要看誰有名了！

經過宋明兩代建祠祭祀李靖之後，李靖的尊號越來越長，名氣越來越大，於是元朝人決定把冠名這事定下來。在《樂毅圖齊七國春秋後集》卷下「鬼谷下山」中，我們能看到這樣一句話：「獨孤角獨戰四將，五匹馬混戰，如黑殺神真武賢聖鬥毗沙門托塔李天王。」

　　這句話把「毗沙門天王」和「托塔天王」的概念合併了，並被冠上了「李」姓。明眼人誰都看得出來，這不就是指李靖嗎？於是明朝之後的話本、演義的創作者們，十分善解人意地把這位天王的名諱給補全了——「托塔天王李靖」！

　　至此，在名人效應與輿（ㄩˊ）論助攻下，唐朝名將李靖最後變成了神仙「托塔天王」。

★ 毗沙門天王

　　也叫多聞天王，為佛教護法之大神，是四天尊王之一。據民間傳說，此尊王為古代印度婆羅門教中的天神，早在印度古代史詩《摩訶（ㄏㄜ）婆羅多》等書中就出現過。

我是佛教護法之大神，是四天尊王之一！

我……我是你的變種「托塔天王」。

Hi，「托塔天王」將軍！

國家圖書館出版品預行編目(CIP)資料

原來歷史是這樣【將軍出征】/ 程琳著；熊慧賓繪. -- 初版.
-- 臺北市：五南圖書出版股份有限公司, 2025.07
　　面；　公分
ISBN 978-626-423-481-8（平裝）

1.CST：軍人　　2.CST：傳記　　3.CST：通俗作品
4.CST：中國

782.21　　　　　　　　　　　　　　　　114007020

ZX3R
原來歷史是這樣【將軍出征】

作　　者	程　琳
繪　　者	熊慧賓
編輯主編	黃文瓊
責任編輯	吳雨潔
文字校對	盧文心、溫小瑩
封面設計	張巧儒
內文編排	張巧儒
出 版 者	五南圖書出版股份有限公司
發 行 人	楊榮川
總 經 理	楊士清
總 編 輯	楊秀麗
地　　址	106臺北市大安區和平東路二段339號4樓
電　　話	(02) 2705-5066
傳　　真	(02) 2706-6100
網　　址	https://www.wunan.com.tw
電子郵件	wunan@wunan.com.tw
劃撥帳號	01068953
戶　　名	五南圖書出版股份有限公司
法律顧問	林勝安律師
出版日期	2025年7月初版一刷
定　　價	300元

中文繁體版通過成都天鳶文化傳播有限公司代理，由山西人民出版社有限公司授予五南圖書出版股份有限公司獨家出版發行，非經書面同意，不得以任何形式複製轉載。

※版權所有．欲利用本書內容，必須徵求本公司同意※

五南
WU-NAN

全新官方臉書

五南讀書趣

WUNAN
Books since1966

Facebook 按讚
👍 1秒變文青

★ 專業實用有趣
★ 搶先書籍開箱
★ 獨家優惠好康

不定期舉辦抽獎
贈書活動喔！！！

五南讀書趣 Wunan Books

經典永恆・名著常在

五十週年的獻禮──經典名著文庫

五南,五十年了,半個世紀,人生旅程的一大半,走過來了。
思索著,邁向百年的未來歷程,能為知識界、文化學術界作些什麼?
在速食文化的生態下,有什麼值得讓人雋永品味的?

歷代經典・當今名著,經過時間的洗禮,千錘百鍊,流傳至今,光芒耀人;
不僅使我們能領悟前人的智慧,同時也增深加廣我們思考的深度與視野。
我們決心投入巨資,有計畫的系統梳選,成立「經典名著文庫」,
希望收入古今中外思想性的、充滿睿智與獨見的經典、名著。
這是一項理想性的、永續性的巨大出版工程。
不在意讀者的眾寡,只考慮它的學術價值,力求完整展現先哲思想的軌跡;
為知識界開啟一片智慧之窗,營造一座百花綻放的世界文明公園,
任君遨遊、取菁吸蜜、嘉惠學子!